***ACCESO GRATIS** a la Lectura en la Nube*

Para visualizar el libro electrónico en la nube de lectura envíe junto a su nombre y apellidos una fotografía del código de barras situado en la contraportada del libro y otra del ticket de compra a la dirección:

ebooktirant@tirant.com

En un máximo de 72 horas laborales le enviaremos el código de acceso con sus instrucciones.

ONLINE DISPUTE RESOLUTION

Qué son y cómo se emplean de manera efectiva para la protección de los consumidores en vías extrajudiciales en Chile y con implicaciones transnacionales

Procedimiento de selección de originales, ver página web:
www.tirant.net/index.php/editorial/procedimiento-de-seleccion-de-originales

ONLINE DISPUTE RESOLUTION

Qué son y cómo se emplean de manera efectiva para la protección de los consumidores en vías extrajudiciales en Chile y con implicaciones transnacionales

BETTY MERCEDES MARTÍNEZ-CÁRDENAS
Profesora Investigadora
Universidad Autónoma de Chile
ORCID ID: https://orcid.org/0000-0001-6460-8953

tirant lo blanch
Valencia, 2024

En caso de erratas y actualizaciones, la Editorial Tirant lo Blanch publicará la pertinente corrección en la página web www.tirant.com.

Este es un trabajo resultado del proyecto de investigación denominado "Estudio y propuesta sobre la mediación online en derecho de consumo como forma de acceso a la justicia en Chile", FONDECYT Iniciación No. 11220494, en el que la autora tiene el rol de Investigadora Responsable.

© TIRANT LO BLANCH
EDITA: TIRANT LO BLANCH
C/ Artes Gráficas, 14 - 46010 - Valencia
TELFS.: 96/361 00 48 - 50
FAX: 96/369 41 51
Email: tlb@tirant.com
www.tirant.com
Librería virtual: https://editorial.tirant.com/cl
ISBN: 978-84-1056-854-9

Si tiene alguna queja o sugerencia, envíenos un mail a: *atencioncliente@tirant.com*. En caso de no ser atendida su sugerencia, por favor, lea en *www.tirant.net/index.php/empresa/politicas-de-empresa* nuestro procedimiento de quejas.

Responsabilidad Social Corporativa: http://www.tirant.net/Docs/RSCTirant.pdf

ÍNDICE

PRÓLOGO

Este libro tiene por propósito ofrecer a los consumidores, proveedores y administradores de plataformas electrónicas un panorama de los resultados del proyecto de investigación Fondecyt Iniciación No. 11220494, ejecutado durante los años 2022-2024, en la Universidad Autónoma de Chile, Sede Temuco, titulado, "Estudio y propuesta sobre la mediación online en derecho de consumo como forma de acceso a la justicia en Chile". Sin duda, la incursión de las tecnologías emergentes en la resolución de conflictos está transformando la naturaleza misma del derecho de acceso a la justicia, en particular, para los consumidores.

Si bien originalmente se concibió como una guía para los usuarios del comercio electrónico, los resultados de investigación logrados en este proyecto dan muestra de profundos debates que desafían la filosofía de las instituciones jurídicas que estaban establecidas hasta antes de la incursión de las tecnologías disruptivas. Ciertamente, podrá el lector experimentado advertir que más que la tradicional inquietud sobre si la Inteligencia Artificial puede reemplazar al juez o al mediador para la solución del conflicto, sino de tratar de indagar si como seres humanos somos conscientes de que muy pronto los únicos conflictos que serán solucionados serán aquellos que obedecieron a las intenciones e instrucciones formuladas por programadores que, en la gran mayoría de los casos, trabajan de manera independiente, si no indiferente, a la voluntad suprema del pueblo de cada Estado.

Eficiencia, celeridad, previsión, economía y transnacionalización son las indiscutibles ventajas que ofrecen los *Online Dispute Resolution* para el mundo, frente a una Inteligencia Artificial generativa que hará prevalecer únicamente una misma relación de lenguaje, unos mismos esquemas de solución de conflictos determinados por algoritmos diseñados por quienes se mantienen al abrigo de los imperativos de legalidad, transparencia y objetividad. Sin embargo, este libro no espera ser aceptado completamente por los lectores, sino contribuir humildemente en la apertura de un elemento adicional de reflexión sobre la epistemología misma del derecho. Cada día existen más proveedores de tecnología para la administración de justicia, y cada vez es más frecuente el deseo entre los particulares de prescindir de los abogados y de los jueces. Lo que es más, ubicándonos en el tiempo, para la segunda década del siglo XXI, la idea que impera con más fuerza es la de que los jueces podrían también prescindirse de sí mismos, gracias a la tecnología. Sin embargo, este libro es también un llamado a robustecer los sistemas jurídicos y la función judicial en el sentido de ser los últimos bastiones de la genialidad humana. En estos tiempos rápidamente cambiantes, el derecho quien tiene el rol de mantener lo hasta ahora logrado como civilización.

Hay personas a quienes quisiera agradecer. En primer lugar, a la Agencia Nacional de Investigación de Chile por haber otorgado los fondos para la realización de esta investigación y a los árbitros que, anónimamente, evaluaron mi propuesta y aportaron sugerencias para la ejecución del proyecto. En segundo lugar, a la Universidad Autónoma de Chile por la confianza depositada en esta investigadora que, para la época, todavía no residía en Chile y tuvo que trabajar desde el extranjero por razón del cierre de fronteras suscitado como medida de protección frente a la emergencia sanitaria generada por la Covid-19. En tercer lugar, a *The Institute for Experimental AI of Notheastern University en Boston*, y a su director de Investigación el Profesor Ricardo Baeza y su equipo, quienes me permitieron acceder de primera mano a los alcances teóricos y debates relacionados al acceso a la justicia con el uso de sistemas de Inteligencia Artificial para proponer un concepto de derecho a la autocomposición del conflicto para los consumidores. De igual forma, al Instituto Max Planck para el derecho privado comparado e internacional en Hamburgo, en donde se originó la necesidad de realizar esta monografía. Finalmente, a la Facultad de Derecho de la Universidad de Barcelona y a la profesora Esther Arroyo Amayuelas, con quien realicé una estancia de investigación destinada a incorporar en esta monografía la más reciente regulación en materia de Inteligencia Artificial y plataformas electrónicas en la Unión Europea.

Extiendo un especial agradecimiento a los abogados que prestaron apoyo técnico para el desarrollo de la investigación, en particular para el profesor Nicolás Ojeda, al abogado Fabián Díaz, ambos, de la ciudad de Temuco, y al equipo que llevó a cabo la gestión administrativa del proyecto. Así como a la estudiante de doctorado de la Universidad de Valencia, España, en cotutela con el programa de

Doctorado en Derecho de la Universidad Autónoma de Chile, señorita Paloma Buendía quien, conocedora de las reglamentaciones de la Unión Europea y el Derecho Internacional e interesada por la temática, contribuyó en la realización de un artículo científico y en la revisión de algunos de los datos logrados con la investigación.

Una mención especial para mi familia en Colombia: en la memoria de mi padre, Rafael; a mi madre, Betty; mis hermanas, Myriam y Pilar; y mis sobrinas, María Victoria y Carolina, junto con mi cuñado, Edwin Girón, quienes siempre han sido un soporte fundamental para poder desarrollar mi trabajo. También quiero agradecer a mi pareja en Chile, el profesor Rodrigo Fuentes Guiñez, quien me ha acompañado con su cariño, generosidad y alegría de vivir desde que inicié este libro. El acogerme como parte de su familia, junto con su hermana Paulina, su apoyo sin límites a mi trabajo y la admiración por mí y mis ideas, significan lo más preciado para mí de estos primeros años de estadía en Chile. A todos, gracias.

Capítulo 1

INTRODUCCIÓN

SUMARIO: 1. FUNDAMENTOS TEÓRICOS-CONCEPTUALES Y ESTADO DEL ARTE QUE SUSTENTA EL ESTUDIO. 2. HIPÓTESIS O PREGUNTAS DE INVESTIGACIÓN Y OBJETIVOS. 3. METODOLOGÍA. 4. NOVEDAD CIENTÍFICA O TECNOLÓGICA DEL ESTUDIO Y LOGROS DEL PROYECTO

1. FUNDAMENTOS TEÓRICOS-CONCEPTUALES Y ESTADO DEL ARTE QUE SUSTENTA EL ESTUDIO

Los sistemas de mediación online o los Online Dispute Resolution, ODR son definidos por su creador como "Procesos de resolución de controversias que se desarrollan en el ámbito extrajudicial y/o parajudicial y que incorporan el uso de internet o cualquier otro tipo de tecnología de la información y/o comunicación (TIC) similar, para la prevención o resolución de controversias, las cuales puede haberse generado on-line u off-line[1]. La comunicación puede ser parcial o completamente en línea"[2]

En el mercado internacional, la mediación extrajudicial en línea es un servicio derivado de la Resolución Alternativa de Disputas (ADR)[3], que tiene como objetivo mitigar las consecuencias frecuentes de la asimetría de la información[4] para quienes venden bienes y servicios de forma directa y presencial o por Internet en mercados electrónicos de consumidor a consumidor o C2C, o de proveedor a

---

1 Rabinovich-Einy, O. &. (2014). Digital Justice. International Journal of Online Dispute Resolution, 5 - 36. doi:10.5553/IJODR/2014001001002

2 Katsh, E., & Rule, C. (2016). What we know about Online Dispute Resolution. South Carolina Law Review, 67(2), 329-344.

3 Sithole Mwenda, W. (2006). Paradigms of Alternative Dispute Resolution and Justice derived in Zambia. Obtenido de University of South Africa: http://uir.unisa.ac.za/bitstream/handle/10500/2163/thesis.pdf?sequence=1

4 Isler Soto, E. (2019). Derecho del Consumo, nociones fundamentales. Valencia: Tirant lo Blanch.

consumidor, B2C[5] y las partes resolver disputas directamente en su lugar, dejar esa decisión a un tercero, como el arbitraje[6].

De acuerdo con el National Center for Technology & Dispute Resolution, existen 133 proveedores de ODR en el mundo[7] Sin embargo, solo algunos de estos proveedores brindan el servicio de manera extrajudicial. Por "proveedor ODR", en inglés, "ODR provider", se entienden tanto al proveedor de la tecnología como al que ofrece el servicio. Los que proveen la tecnología buscan desarrollar la tecnología ODR y los diseños del sistema para vender licencias, ofrecer suscripciones, u ofrecer ellos mismos el servicio[8].

Los ODR funcionan a través de dos modalidades, los "Service providers" únicamente operan el sistema a través de una plataforma desarrollada por un proveedor de tecnología ODR (Sela, 2017). eBay's Resolution Center es un ejemplo de un proveedor que funciona en ambos roles, en tanto que Modria (Modria) o Smartsettle son proveedores de tecnología un proveedor del servicio[9]. Adicionalmente, estos proveedores de ODR pueden ser públicos o privados[10], como la plataforma de la Unión Europea, y las plataformas ofrecidas por intermediarios como eBay (eBay, s.f.) ofrecen estos servicios a nivel transnacional, o las ofertadas por proveedores independientes como Smartsettle ONE & Infinity[11], respectivamente.

---

5 Nava, W., & Breceda, J. (2015). México en el contexto internacional de solución de controversias en línea de comercio electrónico. Anuario Mexicano de Derecho Internacional, 717-738. Obtenido de file:///C:/Users/Usuario/Downloads/Mexico_en_el_contexto_internacional_de_solucion_de.pdf

6 Someya, M. (2019). Resolving Data Breach Dispute: Automated Negotiation, E-Mediation, and Arbitration Assisted by Technology. Ohio State Journal on Dispute Resolution, and Arbitration Assisted by Technology, 34(2), 393-iv.

7 http://odr.info/provider-list/.

8 Someya, M. (2019). Resolving Data Breach Dispute: Automated Negotiation, E-Mediation, and Arbitration Assisted by Technology. Ohio State Journal on Dispute Resolution, and Arbitration Assisted by Technology, 34(2), 393-iv.

9 Sela, A. (2017). The Effect of Online Technologies on Dispute Resolution System Design: Antecedents, Current Trends, and Future Directions. Lewis & Clark Law Review, 21(3), 635-683.

10 Benyekhlef, K. y. (2005). Online Dispute Resolution. Lex Electronica, 10(2), 1 - 136

11 Smartsettle. (21 de 03 de 2021). *Smartsettle*. Obtenido de https://www.smartsettle.com/

Debido a que para un consumidor puede resultar extremadamente oneroso y complejo afrontar litigios en el extranjero, en particular por las complejidades de leyes y jurisdicciones[12], los ODR se han convertido en la gran solución, toda vez que le facilitan la solución del conflicto, de manera directa y sin necesidad de acudir a un abogado[13]. Finalmente, el sistema funciona con apoyo de la Inteligencia Artificial[14] la cual incluye un sistema de diagnóstico, entrega de información del cliente, soporte técnico, clasificación y conducción del cliente hacia otros procesos ODR subsecuentes, y su implementación mejora en la medida en que interactúa con los seres humanos, con lo cual puede desarrollar "emociones", haciendo su uso fácil y accesible para cualquier persona, sin necesidad de recurrir a un abogado[15]

Por estas razones, los ODR son útiles tanto para consumidores como para proveedores[16]. Sin embargo, pese a esta popularidad en materia de consumo a nivel internacional[17], el sistema de ODR extrajudicial adolece sin embargo de importantes limitantes. De acuerdo con la literatura, las limitantes más recurrentes consisten en que estas plataformas garanticen el debido proceso y la falta de claridad sobre

---

12 Nava González, W. (2020). Los mecanismos extrajudiciales de resolución de conflictos en línea: su problemática en el dereho internacional privado. *Anuario Colombiano de Derecho Internacional*(13), 187-208. doi:Doi: https://doi.org/10.12804/revistas.urosario.edu.co/acdi/a.7524

13 Birke, R. (2000). Evaluation and facilitation: moving past either/or. J Disput Resolut 2000(2):. *Journal of Dispute Resolution, 2000*(2), 247-293. Obtenido de https://core.ac.uk/download/pdf/217049869.pdf

14 Schoop, M. J. (2003). Negoisst: a negotiation support system for electronic business-to-business negotiations in e-commerce. *Data Knowl. Eng., 47*, 371-401; Carneiro, Novais, Andrade, Zeleznikow, & Neves, 2014),

15 Thompson, D. (2015). Creating New Pathways to Justice Using Simple Artificial Intelligence and Online Dispute Resolution. *International Journal of Online Dispute Resolution, 2*(1), 4-53.

16 Someya, M. (2019). Resolving Data Breach Dispute: Automated Negotiation, E-Mediation, and Arbitration Assisted by Technology. *Ohio State Journal on Dispute Resolution, and Arbitration Assisted by Technology, 34*(2), 393-iv.

17 Druckman, D. M. (2014). Resolving Impasses in e-Negotiation: Does e-Mediation Work? (P. i. Scie, Ed.) *Group Decision and Negotiation*(23), 193-210. doi: 10.1007/s10726-013-9356-4

los efectos judiciales de los acuerdos a que lleguen consumidores con proveedores a través de los ODR extrajudiciales[18].

Sobre la falta de garantías al debido proceso, se enfatiza en factores tales como la falta de infraestructura para su implementación; diseños inadecuados o insuficientes para el número de trámites demandados[19]; falta de estandarización de las soluciones[20]; problemas de interoperabilidad entre los diversos sistemas; imposibilidad de conocer las fuentes de financiación; importantes dudas sobre la confidencialidad del procedimiento[21], o de garantizar la neutralidad del mediador; falta de transparencia sobre las etapas del procedimiento; insuficiencia de seguridad de las comunicaciones electrónicas durante el proceso; las marcadas diferencias culturales[22] y lingüísticas[23]; el costo del procedimiento; el usual conflicto de leyes[24] y, la brecha digital[25].

Adicionalmente, ninguna plataforma puede garantizar que los acuerdos a que se lleguen en ella vayan a ser cumplidos. En efecto,

---

18 Nava González, W. (2020). Los mecanismos extrajudiciales de resolución de conflictos en línea: su problemática en el derecho internacional privado. Anuario Colombiano de Derecho Internacional (13), 187-208. doi:Doi: https://doi.org/10.12804/revistas.urosario.edu.co/acdi/a.7524

19 Raymond, A. (2014). Anjanette H. Raymond, Yeah. But Did You See the Gorilla? Creating and Protecting an Informed Consumer in Cross-Border Online Dispute Resolution. Harvard Negotiation Law Review(133), 129 - 171. Obtenido de https://www.hnlr.org/wp-content/uploads/sites/22/19HarvNegotLRev129-Raymond.pdf

20 Vieira de Carvalho Fernandes, R., Rule, C., Tiemi Ono, T., & Botelho Cardoso, G. (2018). The Expansion of Online Dispute Resolution in Brazil. International Journal for Court Administration, 9(2). doi:10.18352/ijca.255

21 Katsh, E. (2000). *Online Dispute Resolution as a Solution to Cross-Border E-Disputes, an Introduction to ODR.* Obtenido de OECD, Law in a digital world: https://www.oecd.org/digital/consumer/1878940.pdf

22 Wall J.A., &. D. (s.f.). Mediation research: a current review. Negotiation Journal, 28(2), 217-244. doi:https://doi.org/10.1111/j.1571-9979.2012.00336.x

23 Tausczik, Y. P. (2010). The psychological meaning of words: LIWC and computerized text analysis methods. Journal of Language and Social Psychology(29), 24-54. doi:10.1177/0261927X09351676

24 Piedelièvre, S. (2008). Droit de la consommation. Paris: Económica.

25 Nava González, W. (2020). Los mecanismos extrajudiciales de resolución de conflictos en línea: su problemática en el dereho internacional privado. Anuario Colombiano de Derecho Internacional (13), 187-208. doi:Doi: https://doi.org/10.12804/revistas.urosario.edu.co/acdi/a.7524

no todos los países cuentan con un registro de los proveedores ODR que actúan en su jurisdicción[26] hay un absoluto desconocimiento del régimen aplicable al procedimiento y, por ende, problemas de representación o de poder establecer un trámite para una eventual reconvención o contrademanda por parte de las empresas a consumidores, e incluso se sospecha sobre la manera como se obtienen los "scores" de reputación de un proveedor y la potencial manipulación a voluntad de estos índices[27].

En Derecho Internacional Privado ha habido algunos esfuerzos por superar estas limitantes tratando de estandarizar su uso, sin que todavía se haya logrado dotar a esta herramienta de efectos vinculantes, cuando se ejerce de manera extrajudicial[28]. La práctica, sin embargo, va a la vanguardia, y aunque no correspondan a herramientas estrictamente jurídicas, las plataformas acuden a sistemas paralelos a los judiciales para lograr su efectividad.

Sistemas paralelos como sellos de confianza, códigos de ética, capacitación a los mediadores, u oferta de *e-madiators*[29] en vivo[30] podrían ser vistas como una forma de garantizar el debido proceso. Así mismo, prácticas destinadas a trasladar a las partes a una instancia arbitral[31] o implementar sistemas de gestión de la reputación, penalización por retraso de ejecución, cuentas bloqueadas, devolución

---

26 Esteban de la Rosa, F., Orozco Franco, G., & Garrido Carrillo, F. (2010). *Mediación y Derecho de Consumo.* Valencia: Tirant lo Blanch

27 Zhao, X., Fang, F., & Andrew B., W. (2006). Designing On-Line Mediation Services for C2C Markets. *International Journal of Electronic Commerce, 10*(3), 71-93.

28 Vieira de Carvalho Fernandes, R., Rule, C., Tiemi Ono, T., & Botelho Cardoso, G. (2018). The Expansion of Online Dispute Resolution in Brazil. International Journal for Court Administration, 9(2). doi:10.18352/ijca.255

29 Ebner, N. (2012). e-Mediation. En E. K. M.S. Abdel Wahab, Online Dispute Resolution: Theory and Practice, pág. 357. The Hague: Eleven International Publishing. Obtenido de SSRN: https://ssrn.com/abstract=2161451

30 Druckman D, D. J. (2004). e-Mediation: evaluating the impacts of an electronic mediator. Group Decision and Negotiation, 13(6), 481-511. doi:10.1007/s10726-005-2125-2

31 Raymond, A. (2014). Anjanette H. Raymond, Yeah. But Did You See the Gorilla? Creating and Protecting an Informed Consumer in Cross-Border Online Dispute Resolution. Harvard Negotiation Law Review(133), 129 - 171. Obtenido de https://www.hnlr.org/wp-content/uploads/sites/22/19HarvNegotLRev129-Raymond.pdf

al cliente de cantidades abogadas mediante tarjetas de crédito[32] o mecanismos de devolución de depósitos, garantías y otros, podrían calificarse como que están destinadas a garantizar la ejecutoriedad del acuerdo[33].

Sin embargo, a la fecha, todavía no existe un estudio a nivel de derecho internacional y comparado que determine cuál es, en materia jurídica, el valor de estas prácticas. Todavía no ha sido determinado si estas prácticas constituyen realmente un medio para garantizar el acceso a la justicia a los consumidores.

El auge del *e-commerce* es innegable y, aunque tradicionalmente ha sido un espacio desprovisto de reglamentación[34] la posibilidad de que los ODR sean introducidos por la legislación chilena es altamente probable. En efecto, para el año 2021 se dio inicio en el Congreso Chileno a dos proyectos de ley en los que no solo se abren las puertas a la regulación de estos sistemas a nivel nacional[35], sino también a partir de los cuales, sin duda, se impulsará la expansión de los ODR para ser ofrecidos directamente por los proveedores nacionales a los consumidores a través de plataformas electrónicas[36]. Estos proyectos dieron fruto en la conocida Ley Proconsumidor

El Proyecto de Ley que busca establecer "medidas para incentivar la protección de los derechos de los consumidores", según el cual se incorpora al artículo 3°, inciso 1 de la letra g) de la Ley 19.496: "g) El derecho a ser informado por el proveedor que cumpla con los requisitos específicos del Sistema de Solución de Controversias del Título V de esta ley sobre la posibilidad de acogerse voluntariamente a una mediación y arbitraje de consumo de forma gratuita y cumpliendo con los demás requisitos legales".. Este proyecto finalmente vio la luz

---

32 Conocido también como *change-back*

33 Nava González, W. (2020). Los mecanismos extrajudiciales de resolución de conflictos en línea: su problemática en el dereho internacional privado. Anuario Colombiano de Derecho Internacional (13), 187-208. doi:Doi: https://doi.org/10.12804/revistas.urosario.edu.co/acdi/a.7524.

34 Calais-Auloy, J., & Temple, H. (2015). *Droit de la consommation*. Paris: Dalloz

35 Boletín 12409-03. (24 de 01 de 2019). Obtenido de https://www.senado.cl/appsenado/templates/tramitacion/index.php?boletin_ini=12409-03

36 Boletín 13599-03. (21 de 06 de 2020). Recuperado el 11 de 04 de 2021, de https://www.senado.cl/appsenado/templates/tramitacion/index.php?boletin_ini=13599-03

el 24 de diciembre de 2022 a través de la Ley 21.398, conocida también como Ley Proconsumidor. En efecto, el texto finalmente aprobado que corresponde al literal g del Artículo 1 LPDC dispone que:

> "g) Acudir siempre ante el tribunal competente conforme a las disposiciones establecidas en esta ley. El proveedor debe informar al consumidor de este derecho al celebrar el contrato y en el momento de surgir cualquier controversia, queja o reclamación. Toda estipulación en contrario constituye una infracción y se tendrá por no escrita.
> Sólo una vez surgido el conflicto, las partes podrán someterlo a mediación, conciliación o arbitraje. Los proveedores deben informar la naturaleza de cada uno de los mecanismos ofrecidos, los cuales serán gratuitos y sólo se iniciarán por voluntad expresa del consumidor, la que deberá constar por escrito. Un reglamento dictado por el Ministerio de Economía, Fomento y Turismo establecerá las normas que sean necesarias para la adecuada aplicación de los mecanismos a que se refiere este párrafo".

Lo anterior abrió las puertas de la mediación a todos los actores del mercado, de manera general. Por el otro lado, el segundo proyecto de ley que buscaba modificar la ley N°19.496, en relación con normas sobre protección de los derechos de los consumidores, en materia de contratos celebrados por medios electrónicos fue archivado[37], con lo cual se confirma la brecha entre el comercio análogo y el electrónico en el que las plataformas electrónicas tienen una gran influencia y ofrecen, entre otros servicios, los ODRs.

Ahora bien, examinado este cambio legislativo proyectos es claro que dan por hecho que los métodos alternativos de solución de conflictos son importantes para los consumidores. En consecuencia, es fundamental tratar de comprender la manera como pueden superarse las limitantes antes mencionadas. Por estas razones hemos desarrollado este estudio que pueda abordar las buenas y malas prácticas de los proveedores de ODR extrajudiciales en materia de consumo es de gran relevancia, tanto a nivel nacional como internacional[38].

---

37 Boletín 13599-03. (21 de 06 de 2020). Recuperado el 11 de 04 de 2021, de https://www.senado.cl/appsenado/templates/tramitacion/index.php?boletin_ini=13599-03

38 Katsh, E. (2006). Online Dispute Resolution: Some Implication for the Emergence of Law in Cyberspace. Lex Electronica, 10(3), 1 - 12. Obtenido de https://www.lex-electronica.org/files/sites/103/10-3_katsh.pdf

1.1 El estado sobre la efectividad de los ODR extrajudiciales en derecho comparado

Los ODR extrajudiciales se enmarcan dentro del ámbito de la resolución alternativa de conflictos, MASC. Recordemos que desde la Conferencia de la Libra de 1976 se ha reconocido que en la práctica existe una brecha significativa entre el proceso legal y las necesidades legales de las partes. Esta diferencia no beneficia a ningún participante del mercado. De hecho, no ayuda a los consumidores, que tienen dificultades para acceder a los tribunales, ni a los proveedores de servicios, porque plantea serias dudas de seguridad jurídica.

Es por ello es que, a nivel trasnacional, las variables a través de las cuales se entiende que un país contribuye a reducir esta brecha entre la jurisdicción y las necesidades de justicia por parte de los particulares son medidas por el *World Justice Project* Índice de Estado de Derecho. Así, uno de los subfactores evaluados para estos efectos en el factor justicia civil es "7.7 Accesibilidad, imparcialidad, y eficacia de los mecanismos alternativos de resolución de conflictos", el cual, como su nombre lo indica "Mide si los mecanismos alternativos de solución de controversias son accesibles, eficientes, ejecutables, y si están libres de corrupción[39].

Así, la relación entre mediación extrajudicial e índice de estado de derecho es uno de los propósitos principales apoyados por las agencias internacionales para mostrar en qué país es más confiable hacer negocios, índice conocido como *doing business*[40]. Lo anterior, por dos razones. La primera, desde un punto de vista de la confianza de un inversionista sobre la estabilidad y solidez del estado de derecho, los métodos alternativos de solución de conflictos como los ODR se reputan claves en el desarrollo empresarial. La segunda razón consiste en que, desde el punto de vista de un consumidor, los ODR hacen parte de los métodos alternativos de solución de conflic-

---

39 World Justice Project. (2020). Índice de Estado de Derecho. Recuperado el 26 de 02 de 2021, de Índice del Estado de Derecho: https://worldjusticeproject.org/sites/default/files/documents/WJP-Global-ROLI-Spanish.pdf

40 World Bank Group. (2020). Doing Business. (W. B. Group, Ed.) Recuperado el 26 de 02 de 2021, de DOINGBUSINESSMidiendo regulaciones para hacer negocios: https://espanol.doingbusiness.org/es/reports/global-reports/doing-business-2020

tos que, tradicionalmente, son comprendidos como una forma de garantizar el acceso a la justicia[41].

En consecuencia, los ODR extrajudiciales, a nivel transnacional, sirven simultáneamente a apoyar los intereses de todos los actores del mercado, con el ánimo de servir al desarrollo de un comercio más seguro para ellos. Esta es la razón por la que diversos organismos internacionales han hecho importantes esfuerzos para estandarizar algunas de sus prácticas. Entre los esfuerzos más importantes en este sentido se encuentran los trabajos de la Comisión de las Naciones Unidas para el Derecho Mercantil Internacional (CNUDMI), quien elaboró la Ley Uniforme de Operaciones Electrónicas de los Estados Unidos de América propuesta por la Conferencia Nacional de Comisionados de Derecho Estatal Uniforme[42], además de haber trabajado en una Convención para el reconocimiento de sentencias extranjeras[43], en una convención para el reconocimiento de los acuerdos resultantes de mediación[44], haber rendido unos lineamientos para incorporación a la legislación interna de la conciliación internacional[45], y rendir informes sobre los ODR[46]; así como la recomendación

41 Katsh, E., & Rule, C. (2016). What we know about Online Dispute Resolution. South Carolina Law Review, 67(2), 329-344.

42 CNCDEU. (1999). "Ley Uniforme de operaciones electrónicas". (P. d. Unidas, Ed.) Recuperado el 12 de 04 de 2021, de Uncitral: https://uncitral.un.org/sites/uncitral.un.org/files/media-documents/uncitral/es/05-89453_s_ebook.pdf

43 CNUDMI. (1958). Convención sobre el Reconocimiento de Sentencias Extranjeras. (P. d. Unidas, Ed.) Recuperado el 12 de 04 de 2021, de Uncitral: https://uncitral.un.org/sites/uncitral.un.org/files/media-documents/uncitral/es/new-york-convention-s.pdf

44 CNUDMI. (20 de 12 de 2018). Convención de las Naciones Unidas sobre los Acuerdos de Transacción Internacionales resultantes de la Mediación. (N. Unidas, Ed.) Recuperado el 12 de 04 de 2021, de Comisión de las Naciones Unidas para el Derecho Mercantil Internacional: https://uncitral.un.org/es/texts/mediation/conventions/international_settlement_agreements

45 CNUDMI. (04 de 12 de 2006). Resolución 61/33, de la Asamblea General, 4 de diciembre de 2006. "Guía para la incorporación al derecho interno y utilización de la Ley Modelo de la cnudmi sobre Conciliación Comercial Internacional". Recuperado el 12 de 04 de 2021, de https://undocs.org/pdf?symbol=es/A/RES/61/33

46 CNUDMI. (4 de 12 de 2016). Report of Working Group III (Online Dispute Resolution). (N. Unidas, Ed.) Recuperado el 12 de 04 de 2021, de Comisión de

del Consejo de la Organización para la Cooperación y el Desarrollo Económico relativa a los lineamientos para la protección al consumidor en el contexto del comercio electrónico[47].

En materia legislativa, los países han respondido a la necesidad de cerrar la brecha entre lo judicial y las necesidades prácticas de las partes, de diferentes maneras[48]. Para objeto de este estudio en derecho comparado, tomaremos en cuenta las respuestas que nivel legislativo y/o regulatorio se han dado por parte de las Agencias y organismos supranacionales, esto es, el *Soft Low* mencionado, los Estados Unidos, la Unión Europea y Brasil, debido a que primero, los ODR extrajudiciales importan mucho en el comercio transnacional y, segundo, son estos los países que presentan mayores avances en la creación de leyes o cuerpos normativos sobre el uso e implementación de los ODR extrajudiciales.

En efecto, no todos los países han querido regular los ODR, en razón a que durante mucho tiempo se ha pensado en que una regulación sobre esta materia podría colocar en peligro la libertad de mercado[49]. Los Estados Unidos, por ejemplo, no los ha regulado. Sin embargo, fue el país que creó las primeras plataformas de ODR para consumidores. Estas plataformas fueron puestas en marcha por *marketplaces* como eBay[50], y otras en las que se integran los principios de *Soft Low* de CNUDMI o de la OCDE.

---

las Naciones Unidas para el Derecho Mercantil Internacional: https://undocs.org/A/CN.9/862

47 OCDE. (17 de 05 de 2001). Recomendación del Consejo de la ocde relativa a los lineamientos para la protección al consumidor en el contexto del comercio. Recuperado el 12 de 04 de 2021, de OECD: https://www.oecd-ilibrary.org/governance/recomendacion-del-consejo-de-la-ocde-relativa-a-los-lineamientos-para-la-proteccion-al-consumidor-en-el-contexto-del-comercio-electronico_9789264065680-es

48 Osna, G. (2019). Acceso a la Justicia, cultura y Online Dispute Resolution. (P. U. Perú, Ed.) Revista Derecho PUCP(83). doi:https://doi.org/10.18800/derechopucp.201902.001

49 Sela, A. (2017). The Effect of Online Technologies on Dispute Resolution System Design: Antecedents, Current Trends, and Future Directions. Lewis & Clark Law Review, 21(3), 635-683.

50 Katsh, E., & Rule, C. (2016). What we know about Online Dispute Resolution. South Carolina Law Review, 67(2), 329-344.

Por el contrario, en Europa, algunos países como Francia ya contaban con legislación sobre la mediación judicial desde 1973, como es el caso del *médiateur de la République*[51], antes que la Comunidad y la Unión Europea fueran promotoras de legislaciones en esta materia. En efecto, Europa tradicionalmente ha relacionado este derecho de acceso a la justicia con la manera como los países de la Unión pueden reforzar la confianza del consumidor. Por ello, en Europa, los esfuerzos en este sentido vienen de larga data. Así, en 1986 la Comunidad Europea manifestó su interés por los sistemas extrajudiciales de solución de litigios a través de la Recomendación 12/1986 del Comité de Ministros de Europa, en la cual se promovía el uso del arbitraje como una forma alternativa y más accesible para reducir la reducir la sobrecarga de trabajo de los Tribunales[52].

Posteriormente, fue expedida la Resolución del Consejo de 25 de junio de 1987 sobre el acceso de los consumidores a la justicia, la Resolución del Consejo de 28 de junio de 1999 sobre la política de consumidores en la Comunidad en el período 1999-2001, el Libro verde sobre el acceso de los consumidores a la justicia y solución de litigios de consumo en el mercado único de 1993 y la Resolución del Parlamento Europeo sobre la Comunicación de la Comisión, conocida como "Plan de Acción sobre el acceso de los consumidores a la justicia y la solución de litigios en materia de consumo en el mercado interior" de 1996[53]

Luego, en 1998, la Comisión Europea, a través de una comunicación, indicó las tres variables por las cuales un consumidor tiene dificultades para acceder a la justicia, a saber, los costos altos de los litigios, el tiempo que debe invertirse en ellos y la complejidad de los

---

51 Bernheim-Desvaux, S. (2008). Droit de la Consommation, 30 fiches de synthêse pour préparer les TD et réviser les examens. Paris: Studyrama.

52 Esteban de la Rosa, F. (2010). Régimen Europeo de la Resolución Electrónica de Litigios (ODR) en la Contratación Internacional en Consumo. En F. Esteban de la Rosa, G. Orozco Pardo, & F. Garrido Carrillo, Mediación y Consumo. Valencia: Tirant lo Blanch.

53 Esteban de la Rosa, F. (2010). Régimen Europeo de la Resolución Electrónica de Litigios (ODR) en la Contratación Internacional en Consumo. En F. Esteban de la Rosa, G. Orozco Pardo, & F. Garrido Carrillo, Mediación y Consumo. Valencia: Tirant lo Blanch.

procedimientos legales establecidos[54]Entre las soluciones planteadas en esta misma Comisión se insistió en "la promoción de métodos alternativos de solución de conflictos tales como la mediación, la conciliación y el arbitraje[55].

De igual forma, la Comisión procedió a dar una serie de recomendaciones: La Recomendación 98/257/CE de la Comisión de 30 de marzo de 1998, relativa a los principios aplicables a los órganos responsables de la solución extrajudicial de los litigios en consumo[56]; la Recomendación 2001/310/CE de la Comisión Europea de 4 de abril de 2001, relativa a los principios aplicables a los órganos extrajudiciales de resolución consensual de litigios en materia de consumo; de estas recomendaciones nació el "formulario europeo de reclamación para el consumidor"[57]. El 25 de mayo de 2000, mediante Resolución, la Comisión Europea permitió la creación de una base de datos sobre los órganos extrajudiciales de solución de los conflictos en materia de consumo, con el fin de que estos órganos garantizaran los principios establecidos en las recomendaciones anteriores.

Posteriormente, la Unión Europea, se ocupó del e-commerce mediante la Directiva del 8 de junio de 2004, que buscaba superar los obstáculos jurídicos resultantes de los diferentes regímenes jurídicos de los países miembros[58]. Paralelamente se expidieron la Decisión nº 20/2004 CE del Parlamento Europeo y del Consejo de 8 de diciembre de 2003, por la que se establece un marco general para la financiación de acciones comunitarias en apoyo de la política de los consumidores en el período 2004-2007; la Resolución del Parlamento Europeo de 12 de marzo de 2003, que adoptó el Libro Verde sobre

---

54 Esteban de la Rosa, F. (2010). Régimen Europeo de la Resolución Electrónica de Litigios (ODR) en la Contratación Internacional en Consumo. En F. Esteban de la Rosa , G. Orozco Pardo, & F. Garrido Carrillo, Mediación y Consumo. Valencia: Tirant lo Blanch.

55 Esteban de la Rosa, F. (2010). Régimen Europeo de la Resolución Electrónica de Litigios (ODR) en la Contratación Internacional en Consumo. En F. Esteban de la Rosa, G. Orozco Pardo, & F. Garrido Carrillo, Mediación y Consumo. Valencia: Tirant lo Blanch., pág. 168).

56 Raymond, G. (2011). Droit de la consommation. Paris: LexisNexis S.A.

57 Esteban de la Rosa, F., Orozco Franco, G., & Garrido Carrillo, F. (2010). Mediación y Derecho de Consumo. Valencia: Tirant lo Blanch.

58 Picod, Y., & Davo, H. (2010). Droit de la consommation. Paris: Dalloz

las modalidades alternativas de solución de conflictos en el ámbito del derecho civil y mercantil[59], la Decisión nº 1926/2006/CE, que deroga la anterior y establece el programa de acción comunitaria en el ámbito de la política de los consumidores 2007-2013 a partir del 31 de diciembre de 2006; las Directivas 2008/52/CE (Directive 2008/52/CE du Parlement européen et du Conseil du 21 mai 2008, 2008), que debía ser transpuesta en los Estados miembros antes del 21 de mayo de 2011.

Finalmente, la Unión expidió la Directiva 2013/11/UE[60], acompañada del Reglamento UE/524/2013, sobre resolución extrajudicial de litigios en materia de consumo, la última de estas directivas incluyendo a las transacciones que se hagan en línea. Como consecuencia, la plataforma mediante la cual se ofrece los ODR por parte de la Unión Europea fue puesta en funcionamiento el 15 de febrero de 2015[61]. En la actualidad ya se plantea una reforma del modelo que se prevé para un futuro próximo[62].

En Latinoamérica, región reconocida por el alto desconocimiento en los riesgos que conlleva el uso de las tecnologías de Información y Comunicación (TICs)[63], es Brasil quien, sin embargo, lleva el

---

59 Esteban de la Rosa, F. (2010). Régimen Europeo de la Resolución Electrónica de Litigios (ODR) en la Contratación Internacional en Consumo. En F. Esteban de la Rosa, G. Orozco Pardo, & F. Garrido Carrillo, Mediación y Consumo. Valencia: Tirant lo Blanch.

60 Directive 2013/11/UE du Parlement Européen et du Conseil du 21 mai 2013. (21 de 05 de 2013). Obtenido de https://eur-lex.europa.eu/LexUriServ/LexUriServ.do?uri=OJ:L:2013:165:0063:0079:FR:PDF

61 Nava González, W. (2020). Los mecanismos extrajudiciales de resolución de conflictos en línea: su problemática en el dereho internacional privado. Anuario Colombiano de Derecho Internacional (13), 187-208. doi:Doi: https://doi.org/10.12804/revistas.urosario.edu.co/acdi/a.7524

62 Esteban de la Rosa, F. (2021). ¿Quo vadis plataforma europea de resolución en línea de litigios de consumo? Nuevos pasos en la instauración de un acceso universal digital a la justicia alternativa de consumo en Europa. En F. Esteban de la Rosa & G. Moreno Cordero y Ozana Olariu, Justicia Digital, Mercados y Resolución de Litigios en Consumo (págs. 35-60). Pamplona, España: Editorial Aranzadi, S.A.U y Thomson Reuters (Legal) Limited.

63 Moreno González, J., Albornoz, M., & Maqueo Ramírez, M. (Jimena Moreno González). Ciberseguridad: estado de la cuestión en América Latina. Revista de Administración Pública 148, LIV(1), 23 - 46. Obtenido de file:///C:/Users/Usuario/Downloads/Ciberseguridad_estado_de_la_cuestion_en.pdf

liderazgo en cuanto a la regulación de los ODR. Desde el año 2015 introdujo una reforma a su sistema judicial para incluir los ODR, los cuales desde entonces pueden ser utilizados para asuntos de toda naturaleza: Las leyes 13, 105/2015 y 13, 140/2015. En efecto, el parágrafo 46º de la Ley 13, 140/2015 autoriza expresamente a mediadores privados y empresas a utilizar ODR tanto como un procedimiento judicial, como extrajudicial. Esto confirma la tendencia de este país a invitar a particulares para contribuir con el Estado en el objetivo de garantizar el acceso a la justicia[64]

Para el año 2018, Brasil contaba ya con las plataformas "Reclame Aquí"[65], "Sem Processo", y "vamos a conciliar". No obstante, todo este avance legislativo en materia de ODR, una parte de la doctrina brasilera señala la falta de efectividad de estas plataformas debido a que la ley no logró dotar a los ODR de efectos vinculantes, cuando se usan de manera extrajudicial[66].

En consecuencia, el estado de la cuestión de la efectividad de los ODR extrajudiciales en derecho comparado, muestra que existen esfuerzos importantes por determinar la naturaleza y los efectos de los ODR a nivel legislativo. Esfuerzos que merecen ser estudiados a través de la técnica del derecho comparado. Ahora bien, pese a que la práctica ha avanzado sobre estrategias para garantizar el debido proceso y la ejecutoriedad de los acuerdos logrados mediante el uso de los ODR, hasta la fecha no ha habido un estudio que determine las categorías jurídicas de esas prácticas y sus efectos en relación con el derecho al acceso a la justicia de los consumidores para los consu-

---

64 Vieira de Carvalho Fernandes, R., Rule, C., Tiemi Ono, T., & Botelho Cardoso, G. (2018). The Expansion of Online Dispute Resolution in Brazil. International Journal for Court Administration, 9(2). doi:10.18352/ijca.255

65 Reclame Aquí. (s.f.). Recuperado el 11 de 04 de 2021, de https://www.reclameaqui.com.br/

66 Vieira de Carvalho Fernandes, R., Rule, C., Tiemi Ono, T., & Botelho Cardoso, G. (2018). The Expansion of Online Dispute Resolution in Brazil. International Journal for Court Administration, 9(2). doi:10.18352/ijca.255; en el mismo sentido, pero a nivel de derecho internacional Nava González, W. (2020). Los mecanismos extrajudiciales de resolución de conflictos en línea: su problemática en el derecho internacional privado. Anuario Colombiano de Derecho Internacional(13), 187-208. Doi: https://doi.org/10.12804/revistas.urosario.edu.co/acdi/a.7524

midores. Por esta razón, vale la pena hacer una observación detallada de estas prácticas, bajo el lente del derecho comparado, para comprender cómo operan en ellas las categorías de acceso a la justicia determinadas a partir del derecho comparado.

1.2 El estado sobre la efectividad de los ODR extrajudiciales en Chile

Chile no es ajeno a la dinámica internacional de los métodos alternativos de solución de conflictos (MASC) como un mecanismo que busca garantizar el acceso a la justicia. De un lado, Chile ocupó el vigésimo sexto (26) lugar, entre 128 países estudiados, en el ranking general[67]. Sin duda un lugar muy meritorio, que lo coloca como líder en la región, luego de haber avanzado un lugar frente al resultado de 2018[68]. En efecto, el país ha avanzado en la promoción de los medios alternativos de solución de conflictos.

Chile, incluso, ha considerado a los MASC como requisito de procesabilidad para ciertas materias. Para el año 2021, la mediación prejudicial había sido regulada para asuntos de familia (artículo 106 de la ley n° 19.968), laborales (artículo 497 del código del trabajo) y de salud (artículo 43 de la ley n° 19.966). En materia de derecho civil y comercial, fue prevista para casos asuntos de propiedad industrial (art. 100 bis de la Ley n° 17.336).

En derecho de consumo, particularmente, la mediación estaba autorizada de manera extrajudicial por el artículo 56D de la ley n° 19.496 y en materia de servicios y productos financieros (numeral 3, art. 55 ley n° 19.496). Adicionalmente, dos proyectos de ley que cursaban en el Congreso preveían el uso del arbitraje y la mediación como método alternativo de solución de conflictos para los consu-

---

67 World Justice Project. (2020). Índice de Estado de Derecho. Recuperado el 26 de 02 de 2021, de Indice del Estado de Derecho: https://worldjusticeproject.org/sites/default/files/documents/WJP-Global-ROLI-Spanish.pdf

68 World Justice Project. (2017-2018). Índice de Estado de Derecho. (W. J. Project, Ed.) Recuperado el 26 de 02 de 2021, de WJP Rule of Law Index: https://worldjusticeproject.org/sites/default/files/documents/2017-18%20ROLI%20Spanish%20Edition_0.pdf

midore[69]s Es por ello que la posibilidad de abrir espacios de diálogo entre consumidores y proveedores a través del uso de plataformas digitales es casi una realidad en el país.

Ahora bien, la doctrina no era pacífica sobre la efectividad de la mediación extrajudicial, en particular cuando se exige como requisito de procesabilidad en la práctica. Una famosa sentencia del Tribunal Constitucional de fecha 10 de julio de 2012, Rol N° 2042-11-INA, abrió el debate. Frente a la declaratoria de constitucionalidad del artículo 43 de la Ley n° 19.966, que introduce en el sistema chileno la mediación prejudicial obligatoria en asuntos de salud, al salvamento de voto de los ministros Sres. Vodanovic, Navarro y Artóstica en relación a que, en su sentir, el artículo demandado vulneraba las garantías consagradas en el artículo 19, N°s. 2°, 3°, 24° y 26°, de la Carta Fundamental, se unió una parte de la doctrina, por considerar la conciliación como un requisito obligatorio prejudicial posterga indebidamente a la jurisdicción (Palomo Vélez, Diego y Valenzuela Villalobos, Williams, 2012) y constituye un obstáculo para la acceder a la justicia, en la medida en que las partes no pueden acudir a la jurisdicción sin antes haber agotado este procedimiento[70].

Otra parte de la doctrina, liderada por el profesor Eduardo Jequier defendió la tesis del Tribunal aclarando que el derecho al acceso a la justicia ni se posterga, ni se obstaculiza toda vez que la vía judicial siempre está abierta y no es un derecho que comporte algún tipo de inmediatez para ser ejercido, sino que, conlleva una gran ventaja que el lograr la "cooperación activa y leal de las partes en la búsqueda de su propia solución"[71]

De hecho, artículos anteriores han confirmado los resultados obtenidos en cuanto a la calidad de la mediación previa al juicio en

---

69 Jequier Lehuedé, Análisis Crítico del Arbitraje de Consumo No Financiero en Chile: la mirada renovadora de un proyecto en curso, 2020; y Sobre la arbitrariedad del consumo en Chile: Insumo básico para un replanteamiento estructural, 2020, en sus dos modalidades, a saber, el arbitraje y la mediación extrajudicial: Boletines 12.409 y 13599-03, respectivamente.

70 Avendaño Leyton, I. (2020). La mediación como requisito de procesabilidad. Una mirada crítica de tal exigencia. Revista Justicia & Derecho, 3(1), 1-26.

71 Jequier Lehuedé, La mediación obligatoria y el deber de colaboración en el ámbito de los conflictos comerciales y civiles en Chile, 2018, pág. 559.

casos de familia con el método innovador ECAME 2.0 propuesto por el Departamento de Mediación del Ministerio de Justicia y utilizado por el Sistema Nacional de Mediación. Estos resultados "ubican a Chile en el tramo de calidad alta y sobre el corte porcentual de aprobación del mismo identificado en 61 puntos de logro" (Fuentealba-Martínez, 2018, pág. 84), logrando acuerdos prejudiciales que "contribuyen en la obtención de acuerdos para los conflictos jurídicos en materia de familia que reflejen las necesidades de la familia y de cada una de sus partes, teniendo como centro el interés superior del niño, niña o adolescente, con un enfoque de corresponsabilidad parental, con características tales como el equilibrio de poder entre las partes y la sustentabilidad en el tiempo"[72]

Por el otro lado, sobre la naturaleza de la mediación extrajudicial y su eficacia en garantizar el acceso a la justicia, una parte de la doctrina nacional insiste en que no se trataría realmente de una alternativa al litigio, toda vez que la decisión final no la toma un juez como órgano del Estado, es decir, no se toma en función de un *imperium* que pueda, en consecuencia, imponer el cumplimiento por vía coactiva de dicha decisión al particular[73]. Cuestionamiento que coincide con lo que ha ocurrido en la práctica brasilera y que conllevan a que los ODR, pese a estar regulados en este país, en opinión de algunos, terminen siendo inefectivos[74]

En consecuencia, la cuestión de determinar en qué medida los ODR contribuirían de manera efectiva al acceso a la justicia para los consumidores en Chile, es particularmente relevante, y podríamos decir que incluso es una cuestión urgente, dada la aceleración en el uso del e-commerce por parte de los consumidores, a partir del año 2020, no solo en todo el mundo y en todas sus modelos sino también en Chile.

---

72 González Ramírez, I. (2018). La calidad de la mediación familiar en Chile. *Revista de Derecho Privado*(35), pág. 387.

73 Avendaño Leyton, I. (2020). La mediación como requisito de procesabilidad. Una mirada crítica de tal exigencia. Revista Justicia & Derecho, 3(1), 1-26.

74 Vieira de Carvalho Fernandes, R., Tiemi Ono, T., Rule, C., & Botelho Cardoso, G. (2018). The Expansion of Online Dispute Resolution in Brazil. International Journal for Court Administration, 9(2), 20 - 30. doi:10.18352/ijca.255

En efecto, como consecuencia de la emergencia sanitaria suscitada por la aparición del Coronavirus SARS-CoV-2 que crea la enfermedad Covid-19, los gobiernos a nivel mundial acudieron a la cuarentena general de sus poblaciones para prevenir, contener o mitigar la epidemia. Esto, a nivel económico trajo consecuencias de gran importancia para las relaciones de consumo, tanto a nivel nacional, como internacional. Dificultades financieras derivadas de la reducción o pedidas de la renta regular, haciendo que millones de consumidores tuvieran que solicitar refinanciación de sus créditos de consumo e hipotecarios fueron abordadas prontamente por los investigadores en derecho[75].

En Chile, la suspensión de actividades volcó a los investigadores a manifestarse de múltiples maneras y por múltiples razones. Bien porque si bien las actividades estaban suspendidas, los términos de la garantía no se habían suspendido[76], bien porque los casos fortuitos conllevaban inexorablemente al incumplimiento[77] o porque muchas remuneraciones también se habían suspendido[78], lo que llevaba a reflexionar sobre la necesidad de un cambio en los términos de la prescripción de las acciones[79], o la suspensión de la misma[80]. Una epidemia imprevisible[81], que afectó sin duda derechos subjetivos[82] al paso que, entre el 1 de enero y el 15 de mayo, el SERNAC regis-

---

75 COVID-19- Consumer Law Research Group. Consumer Law and Policy Relating to Change of Circumstances Due to the COVID-19 Pandemic. J Consum Policy 43, 437-450 (2020). https://doi.org/10.1007/s10603-020-09463-z

76 Isler Soto, E. (2020). La incidencia del Covid-19 en el ejercicio de la garantía legal. Revista de derecho (27). Obtenido de https://scielo.conicyt.cl/pdf/rducn/v27/0718-9753-rducn-27-05.pdf)

77 De la Maza Gazmuri, Í. (3 de 04 de 2020). El caso fortuito en los tiempos del coronavirus. El Mercurio - Legal. Obtenido de https://bit.ly/3b2KLyQ; y, De la Maza Gazmuri, Í. y. (11 de 04 de 2020). Algunas ideas para la discusión del caso fortuito. Idealex.press. Obtenido de Recuperado de https://bit.ly/2YFMmrM

78 (Corral Talciani, 2020)

79 (Corral Talciani, Cambios a la prescripción civil por la catástrofe Covid-19, 2020)

80 Pizarro Wilson, C. (24 de 03 de 2020). La peste que imposibilita actuar. ¿Suspender la Prescripción? El Mercurio - Legal. Obtenido de https://bit.ly/2Wx6D0b.

81 Pizarro Wilson, C. (26 de 03 de 2020). Epidemia, imprevisión y fuerza mayor. Idealex.press. Obtenido de https://bit.ly/3b7v4q5

82 Momberg Uribe, R. (06 de 04 de 2020). La obligación del arrendatario durante la pandemia por coronavirus. Obtenido de https://bit.ly/2YHfdMC

tró “25.223 casos de problemas de ejecución contractual (incumplimiento, o cumplimiento imperfecto, del servicio de despacho a domicilio), lo que representa un 72,5% del total de casos del año 2019 (34.753 casos)[83].

Paralelamente, la economía chilena estaba viviendo la expansión de un área que, aunque venía creciendo lentamente, con la pandemia se aceleró: el *e-commerce.* De acuerdo con una encuesta realizada entre el 8 y 14 de octubre de 2020, sobre una muestra de 185 locales por la Cámara Nacional de Comercio, Servicios y Turismo de Chile (CNC), para la época de navidades, el 63% de los comerciantes encuestados contaba con “ventas online”[84].

Así es, como consecuencia de la cuarentena impuesta, los consumidores comenzaron a recurrir de forma masiva a las plataformas electrónicas para abastecerse, lo cual encendió las alarmas en el legislador. Por esta razón, además del proyecto de ley que ya cursaba sobre la materia[85]se introdujo un nuevo proyecto de ley para proteger a los consumidores que, como consecuencia de la pandemia, se han volcado a comprar online, Boletín 13599-03[86].

En particular, el SERNAC reportó cerca de 900,000 reclamos en 2020, “lo que representa el doble que un año normal”. De acuerdo

---

83 Carvajal Ambiado, L., Celis Araya, R., Girardi Lavin, C., González Torres, R., Jiménez Fuentes, T., Marzán Pinto, C., Soto Mordones, R. (21 de 06 de 2020). Boletín 13599-03. (C. d. Diputados, Ed.) Recuperado el 17 de 03 de 2021, de Modifica la ley N°19.496, que Establece normas sobre protección de los derechos de los consumidores, en materia de contratos celebrados por medios electrónicos, y en las ventas a distancia: http://www.senado.cl/appsenado/templates/tramitacion/index.php?boletin_ini=13599-03

84 Cámara Nacional de Comercio, S. y. (14 de 10 de 2020). Navidad en COVID - Encuesta. Obtenido de Documentos y Publicaciones: https://www.cnc.cl/wp-content/uploads/2020/10/Resultados-Encuesta-CNC-al-Comercio-ante-Navidad-y-COVID19-%E2%80%93-Octubre-2020.pdf

85 Boletín 12409-03. (24 de 01 de 2019). Obtenido de https://www.senado.cl/appsenado/templates/tramitacion/index.php?boletin_ini=12409-03

86 Carvajal Ambiado, L., Celis Araya, R., Girardi Lavin, C., González Torres, R., Jiménez Fuentes, T., Marzán Pinto, C., Soto Mordones, R. (21 de 06 de 2020). Boletín 13599-03. (C. d. Diputados, Ed.) Recuperado el 17 de 03 de 2021, de Modifica la ley N°19.496, que Establece normas sobre protección de los derechos de los consumidores, en materia de contratos celebrados por medios electrónicos, y en las ventas a distancia: http://www.senado.cl/appsenado/templates/tramitacion/index.php?boletin_ini=13599-03

con el director, "Los consumidores nos decían en sus reclamos que las empresas no les respondían el teléfono, los dejaban esperando o los pasaban de un ejecutivo a otro, y ese fue un problema transversal a los mercados". En ese sentido, indica que las empresas a ojos del consumidor, han sido poco empáticas con su situación, y no han entregado las facilidades que esperan, lo que ha aumentado la frustración propia de la situación de confinamiento y miedo al contagio"[87]

Dentro de este número de denuncias, cabe señalar que entre marzo de 2020 y julio de 2020, el SERNAC recibió 72.000 denuncias por retrasos en la entrega de productos de comercio electrónico, y las denuncias se concentraron principalmente en tres proveedores, a saber, Falabella, con un 31%, 22 312 reclamaciones; Ripley con 14,5% o 10.434 siniestros; y París con 7% o 5.149 siniestros[88]. Debido a un aumento interanual del 539% en las reclamaciones, la agencia decidió presentar una demanda colectiva contra Falabella y Paris.

El proyecto de ley de la época, además de insistir en la posibilidad de ejercer el derecho de retracto, establecía que dicho ejercicio debía realizarse a través de una sala de diálogo a la que las partes pudieran acceder por vía electrónica, respecto de "contar con mecanismos de contacto directo entre un representante de la empresa proveedora y los consumidores, con el fin de que estos últimos puedan resolver dudas y presentar requerimientos. El sistema dispuesto por la empresa deberá ser expedito y de fácil acceso, garantizando el contacto sincrónico entre las partes"[89]. Por esta razón, es fácil entender la tendencia hacia la utilización de los ODR en Chile.

---

87 SERNAC. (25 de 01 de 2021). El Sernac recibió el doble de reclamos en 2020. Obtenido de Noticias: https://www.sernac.cl/portal/604/w3-article-62196.html

88 SERNAC. (25 de 01 de 2021). El Sernac recibió el doble de reclamos en 2020. Obtenido de Noticias: https://www.sernac.cl/portal/604/w3-article-62196.html

89 Carvajal Ambiado, L., Celis Araya, R., Girardi Lavin, C., González Torres, R., Jiménez Fuentes, T., Marzán Pinto, C., Soto Mordones, R. (21 de 06 de 2020). Boletín 13599-03. (C. d. Diputados, Ed.) Recuperado el 17 de 03 de 2021, de Modifica la ley N°19.496, que Establece normas sobre protección de los derechos de los consumidores, en materia de contratos celebrados por medios electrónicos, y en las ventas a distancia: http://www.senado.cl/appsenado/templates/tramitacion/index.php?boletin_ini=13599-03

No obstante, el proyecto de ley mencionado guardaba silencio sobre la manera como "el sistema dispuesto", esto es, los ODR, deberá operar para garantizar no solo la accesibilidad y agilidad del servicio, sino también el debido proceso y la ejecutoriedad de las soluciones que se logren. Un sector de la doctrina ya se ha pronunciado sobre el sistemático olvido del legislador chileno de buscar formas de mantener al consumidor indemne[90], así como de la urgencia de dotar al consumidor de mecanismos idóneos para garantizar sus derechos en caso de haber sufrido un perjuicio[91], lo cual muestra que la cuestión planteada por esta propuesta todavía no sólo no ha sido objeto de estudio previo, sino que es particularmente relevante en estos momentos en que tanto proveedores como consumidores necesitan formas no solo de solucionar sus diferencias de manera fácil y efectiva, sino también segura.

Luego, el 24 de diciembre de 2022, la mediación fue consolidada por la Ley de Pro Consumidor. La ley permite a los consumidores utilizar la mediación y el arbitraje en línea para abrir un espacio de diálogo entre los consumidores y los proveedores de servicios a través de plataformas. En la práctica, el país ha lanzado una plataforma llamada "Resolución en Línea"[92], auspiciada por la Cámara de Comercio de Santiago. En cuanto a la mediación extrajudicial, las ventajas de la plataforma son la aplicación de las normas del procedimiento de mediación[93], mediadores cualificados que trabajan, la posibilidad de pasar de la mediación a los procedimientos de arbitraje y la experiencia de CAM y la experiencia en la gestión de procesos MASC dentro de ella[94]. Finalmente, el decreto N° 84 de 2022 del Ministerio de

---

90 Barrientos Camus, F. (14 de 12 de 2017). Proyecto de Ley de Fortalecimiento del SERNAC y las Asociaciones de Consumidores. (F. F. LANERI, Ed.) Recuperado el 15 de 05 de 2018, de Academia Derecho y Consumo, ADECO: http://derechoyconsumo.udp.cl/wp-content/uploads/2017/12/Francisca-Barrientos.pdf

91 Bozzo, S. (12 de 3 de 2021). Consumidores: e-commerce y resolución de conflictos. LITORALPRESS, pág. 14. Obtenido de https://www.litoralpress.cl/sitio/Prensa_Detalles.cshtml?LPKey=kb.Y.Tf.X9.Crdco.Uv.P.D2.Yy9.%C3%9C.Ig.R.W.C9lm.Jf.S2.Yp9o.J.Xoq.T.A.%C3%96

92 Cámara de Comercio de Santiago, CAM. (2022). Resolución en Línea. Recuperado el 17 de 11 de 2022, de https://www.camsantiago.cl/servicio/odr/

93 *Ibidem.*

94 *Eiusdem.*

Economía, Fomento y Turismo, que reglamentó el artículo 3° inciso segundo letra g) de la ley N° 19.496 incorporado por la ley N° 21.398 de la (Ley Pro consumidor), autorizó expresamente la utilización de la mediación, la conciliación y el arbitraje en materia de conflictos derivados de relaciones de consumo. Este decreto entró en vigor en Chile el 14 de junio de 2023.

El decreto tiene por ámbito de aplicación a "cualquier conflicto de interés individual entre un consumidor y un proveedor" (Art. 1.) y, por ende, estaría destinado también, en principio, a regular las mediaciones extrajudiciales que se lleven a cabo en línea, o como se conoce técnicamente, a través del uso de plataformas ODR. El Decreto establece definiciones, condiciones y otorga efectos vinculantes a los Métodos Alternativos de Solución de Conflictos (en adelante MASC). Todo esto podría, a priori, ser también aplicable a los ODR.

2. HIPÓTESIS O PREGUNTAS DE INVESTIGACIÓN Y OBJETIVOS

Partiendo de la relevancia del tema y la justificación anterior, la principal pregunta de investigación que se propuso fue: ¿Cuáles son las prácticas de los ODR extrajudiciales que serían adecuadas para garantizar el acceso a la justicia de los consumidores en Chile?

De la anterior pregunta se derivaron la siguiente hipótesis general: Si dentro del corto plazo entrarán en vigencia en Chile leyes en materia de protección al consumidor, incorporando la mediación extrajudicial como un mecanismo para garantizar el derecho fundamental al acceso a la justicia, dentro de los cuales se encuentran los sistemas de resolución de conflictos online (ODR), los cuales utilizan la Inteligencia Artificial, es un deber del Estado de Chile respetar y promover este derecho, de manera tal que garantice el uso de los mismos de manera efectiva, para lo cual debe reconocer cuáles de las prácticas comúnmente utilizadas por estos sistemas son las recomendables para asegurar el debido proceso y la seguridad jurídica de los acuerdos a los que lleguen proveedores y consumidores a través de dichos sistemas.

Con base en lo anterior, el objetivo general de este estudio fue el de examinar cómo el Estado de Chile cumplimentaría de mejor manera las herramientas que tiene previstas para dar cumplimiento a la obligación de respeto y promoción del derecho fundamental al acceso a la justicia de los consumidores, considerando el uso de la Inteligencia Artificial en los mecanismos extrajudiciales de resolución de conflicto online (ODR), a la luz del derecho comparado y de las prácticas introducidas por estos sistemas de resolución<n de conflictos.

Por esta razón, los objetivos específicos del proyecto que se propusieron fueron: 1. Revisar los alcances teóricos y debates referidos al "acceso a la justicia", para plantear un concepto de derecho a la autocomposición del conflicto para los consumidores; 2. Sistematizar los estándares que dotan de contenido normativo al derecho fundamental al acceso a la justicia de los consumidores en el marco del derecho internacional privado y el derecho comparado en los reglamentos que establecen principios estandarizados para el uso de ODRs y en los cuerpos legislativos vigentes sobre la materia; y 3. Estudiar cómo las prácticas de los ODR, que se apoyan en el uso de la Inteligencia Artificial, han recepcionado el derecho fundamental al acceso a la justicia de los consumidores consideran la necesidad de garantizar el debido proceso y la seguridad jurídica.

3. METODOLOGÍA

Toda vez que la pregunta de investigación tuvo por objeto examinar cómo el Estado de Chile podría dar cumplimiento a la obligación de respeto y promoción del derecho fundamental al acceso a la justicia de los consumidores, considerando el uso de la Inteligencia Artificial en los mecanismos extrajudiciales de resolución de conflicto online (ODR), a la luz del derecho comparado y de las prácticas introducidas por estos sistemas de resolución de conflictos, el paradigma interpretativista era el más adecuado para guiar esta investigación. En efecto, la gran mayoría de los reportes relativos a los ODR extrajudiciales como un método alternativo de solución de conflictos han sido elaborados a partir de un enfoque positivista, con métodos cuantitativos[95]. Estos reportes mostraron la manera como aumentó la implementación de los ODR, pero no logran explicar cómo, jurídicamente, los ODR pueden ser efectivos para la solución pronta de los conflictos. Esta es la razón por la cual los datos cuantitativos provenientes de estos reportes solo se utilizarán como un marco de referencia o punto de partida para analizarlos de manera cualitativa para generar teorías e hipótesis en relación con el tema[96].

En efecto, para comprender cómo los ODR pueden facilitar la participación del consumidor y del proveedor en las soluciones que le afectan, se utilizaron dos métodos. Primero, el método estrictamente jurídico del derecho comparado[97], que tendrá por objeto tanto de principios de *Soft Law* en derecho internacional privado relativos a la creación de mecanismos de ejecutoriedad de acuerdos internacionales y a la creación de estándares para la operatividad de las plataformas ODR a nivel transnacional; normatividad vigente en la Unión Europea y Brasil relativos a la operatividad de los ODR, y proyectos de ley en curso en Chile. Se excluirán la normatividad nacional o interna de los países de la Unión Europea, debido a que en ellas se trasplanta la Directiva respectiva.

En segundo lugar, se empleó el método jurídico strictu sensu, consistente en la articulación de la dogmática y la casuística como dos etapas sucesivas destinadas a la construcción de teorías jurídicas particulares con base en técnicas de interpretación y argumentación jurídica. Para este estudio dogmático se analizarán tanto las fuentes primarias como secundarias, lo cual incluye la crítica doctrinal y el análisis de las categorías descritas a partir del análisis de derecho comparado. Esto permitirá hacer un registro y revisión crítica de las

---

95 American Bar Association, Center for Innovation. (12 de 2019). Report: Online Dispute in the United States. Obtenido de American Bar Association: https://www.americanbar.org/content/dam/aba/administrative/center-for-innovation/odrvisualizationreport.pdf

96 Crossley, M. E., & Vulliamy, G. E. (1997). Qualitative Educational Research in Developing Countries: Current Perspectives. Reference Books in International Education, Volume 35. Garland Reference Library of Social Science, Volume 927, pág. 6.

97 David, R., & Jauffret-Spinosi, C. (2002). Les grans systêmes de droit contemporains. Paris: Dalloz; Zweigert, K., & Kötz, H. (1998). An introduction to Comparative Law. (T. Weir, Trad.) Oxford: Oxford University Press

prácticas de los ODR para fomentar el debido proceso (1); y un registro y revisión crítica de las prácticas de los ODR para fomentar la seguridad jurídica (2).

4. NOVEDAD CIENTÍFICA O TECNOLÓGICA DEL ESTUDIO Y LOGROS DEL PROYECTO

En esta investigación convergieron un conjunto de líneas de investigación en derecho sustancial y procesal precedentes, conforme a las cuales se logró que el proyecto contribuyera a: (1) reducir las brechas existentes entre el proceso civil y la necesidad de los actores en una relación de consumo para garantizar la efectiva protección del derecho fundamental del acceso a la justicia; (2) permitir superar o reducir dichas brechas, de manera armónica, a través de nuevas modalidades de diálogo[98] que, a su vez, puedan traer otras dinámicas en el mercado[99] garantizando el uso efectivo de sus derechos[100], sin tener que depender de procesos jurisdiccionales obsoletos[101]; y, (3) contribuir a que los comerciantes tengan otras alternativas de posicionarse en el mercado, al reducir también las brechas del idioma, culturales, sociales, económicas y geográficas en las que los ODR han probado tener éxito en la solución de conflictos[102].

Las investigaciones precedentes sobre el tema han avanzado en la determinación de la naturaleza de los ODR[103], sus ventajas más

---

98 Adair, W. L. (2015). The negotiation dance: time, culture, and behavioral sequence in negotiation. Organization Science, 16(1), 33 - 51.

99 Henderson, D. (1995). Avoiding Litigation with the Mini-T oiding Litigation with the Mini-Trial: The Corpor rial: The Corporate Bott ate Bottom Line om Line. South Carolina Law Review, 46(237).

100 Cappelletti, M. &. (1978). Access to Justice: The Newest Wave in the Worldwide Movement to Make Rights Effective. Buffalo Law Review(27), 181-292.

101 Osna, G. (2019). Acceso a la Justicia, cultura y Online Dispute Resolution. (P. U. Perú, Ed.) Revista Derecho PUCP(83). doi:https://doi.org/10.18800/derechopucp.201902.001)

102 Ebner, N. (2012). e-Mediation. En E. K. M.S. Abdel Wahab, Online Dispute Resolution: Theory and Practice, pág. 357. The Hague: Eleven International Publishing. Obtenido de SSRN: https://ssrn.com/abstract=2161451

103 Thompson, D. (2015). Creating New Pathways to Justice Using Simple Artificial Intelligence and Online Dispute Resolution. International Journal of Online

importantes y usos, así como en las limitantes existentes[104]. Sin embargo, aunque dichos esfuerzos fueron la base de la presente investigación, es claro que todos convergen en que sigue pendiente el desafío de dotar a estas plataformas de herramientas para garantizar el debido proceso y la ejecutoriedad de los acuerdos a que se llegue con ellos. En este sentido, en diciembre de 2022, Chile intentó superar las restricciones universales de los MASC a escala internacional. Fue entonces cuando el Ministerio de Economía, Fomento y Turismo promulgó un Reglamento para los mecanismos alternativos de resolución de conflictos (de ahora en adelante, MASC) en el ámbito del consumo, Decreto N° 84 de 2022 (en adelante, "el Reglamento")[105].

En dicho Reglamento se especifica con claridad que los acuerdos alcanzados a través de MASC en suelo chileno no solo son obligatorios para las partes implicadas, sino que también pueden ser ejecutados de manera coactiva en la jurisdicción nacional (artículo 10). No obstante, debido a la amplitud del Reglamento chileno y su silencio en relación a las plataformas ODR, surge la incertidumbre de si estas plataformas están o no sujetas a este Reglamento, las cuales fueron abordadas en un reciente artículo de investigación[106] que concluye que la apertura de la legislación chilena para incluir los ODR dentro del derecho de consumo quedó incompleta, ya que no consideró incluir los elementos necesarios para dotar de efectividad de dichas plataformas. Luego, los esfuerzos del estudio aquí desarrollado contribuyen a los iniciales de la doctrina anteriores al alumbramiento de este nuevo esquema de métodos alternativos de solución de conflic-

---

Dispute Resolution, 2(1), 4-53.

104 Nava González, W. (2020). Los mecanismos extrajudiciales de resolución de conflictos en línea: su problemática en el dereho internacional privado. Anuario Colombiano de Derecho Internacional(13), 187-208. doi:Doi: https://doi.org/10.12804/revistas.urosario.edu.co/acdi/a.7524

105 Decreto-84 13-DIC-2022 MINISTERIO DE ECONOMÍA, FOMENTO Y TURISMO, SUBSECRETARÍA DE ECONOMÍA Y EMPRESAS DE MENOR TAMAÑO —Ley Chile— Biblioteca del Congreso Nacional (bcn.cl)

106 Martínez-Cárdenas, B. (2023). La online dispute resolution, acceso a la justicia y protección de los derechos del consumidor en el comercio electrónico: el caso chileno. IDP. Revista de Internet, Derecho y Política(38), 1-13. Obtenido de, https://doi.org/10.7238/idp.v0i38.409411

tos[107], con el fin de permitir que la futura política legislativa cuente con algunas de estas herramientas.

De igual forma, hasta la fecha, se encuentra abierto un debate sobre la pertinencia de imponer los métodos alternativos de solución de conflictos de manera extrajudicial, como una instancia previa obligatoria para poder acceder a la jurisdicción, en tanto a si aquellos pueden considerarse similares a las soluciones otorgadas por un verdadero juez de la República[108]. Al respecto encontramos que es posible reevaluar los métodos alternativos de solución de conflictos[109]. En efecto, este estudio ayuda a comprender que la función principal de la mediación extrajudicial no es necesariamente la de servir como herramienta de descongestión judicial[110], sino de reconstrucción de tejido social, en la medida en que es un medio idóneo para proteger los valores de las personas y "generar oportunidades para el cambio"[111]. Este estudio intentará mostrar cómo este cambio puede ser posible a través de los ODR, para reforzar la confianza de los actores en el mercado.

Un tercer aporte estará relacionado con cambiar la visión monopolística de la administración de justicia por parte del Estado, para comprender que, en la esfera privada, es necesario reconocerle a los particulares el derecho para autocomponer sus conflictos. En efec-

---

107 Jequier Lehuedé, E. (16 de 10 de 2020). Análisis Crítico del Arbitraje de Consumo No Financiero en Chile: la mirada renovadora de un proyecto en curso. Obtenido de https://www.youtube.com/watch?v=IRzG2BsP-M4: https://www.youtube.com/watch?v=IRzG2BsP-M4; Sobre la arbitralidad del consumo en Chile: Insumo básico para un replanteamiento estructural, 2020; y Jequier Lehuedé, E. (2020). Sobre la arbitralidad del consumo en Chile: Insumo básico para un replanteamiento estructural. Revista Chilena de Derecho Privado(34), 57-92.

108 Avendaño Leyton, I. (2020). La mediación como requisito de procesabilidad. Una mirada crítica de tal exigencia. Revista Justicia & Derecho, 3(1), 1-26.

109 Druckman, D. M. (2014). Resolving Impasses in e-Negotiation: Does e-Mediation Work? (P. i. Scie, Ed.) Group Decision and Negotiation(23), 193-210. doi: 10.1007/s10726-013-9356-4

110 Cargua Ríos, L. (2014). ¿Litigar o mediar? Una descripción de la mediación como instrumento de búsqueda de la justicia en la época antigua y moderna. Revista de derecho y economía(42), 69-75. doi:http://dx.doi.org/10.18601/01236458.n42.06

111 Picard, C. (2017). Orígenes, principios y prácticas de la mediación insight. Revista de Mediación, 10(2, e 11), 15. Obtenido de revistademediacion.com

to, nuestra civilización aprendió de Roma que la administración de justicia competía exclusivamente a lo que hoy conocemos como Estado[112]. Sin embargo, este estudio puede contribuir a confirmar que cuando se trata de asuntos cuya naturaleza es privada y transable, siendo el titular capaz para ello, la autocomposición, a través de los ODR, cambiaría la idea del monopolio de la administración de justicia por el Estado, a una idea de colaboración del ciudadano con el Estado para mantener la justicia. Los ODR estarían destinados a bridar apoyo a los consumidores que deseen solucionar sus conflictos por sí mismos, como si fueran *self-represented litigants*[113].

De esta forma, la investigación que ahora presentamos pretende impactar con nuevo conocimiento que contribuya a fortalecer la futura regulación en materia de métodos alternativos de solución de conflictos en Chile, a elevar los estándares de protección al consumidor y a alcanzar mayor seguridad jurídica para los proveedores, incluyendo nuevas dimensiones en las prácticas y formas de resolver los conflictos, con la idea de establecer nuevas modalidades de diálogo, los sujetos de protección (los consumidores), a partir de herramientas antes no consideradas para los proveedores nacionales y transnacionales. Todo lo anterior demuestra la relevancia y oportunidad de esta propuesta de investigación.

Finalmente, esta monografía recolecta tanto la planeación de la investigación como hace referencia a otros de sus principales resultados con el fin de que sean conocidos por la comunidad científica y los interesados en esta disciplina de una manera general, y no puntual como ocurre con los artículos científicos o los capítulos de libro y conferencias. Para estos efectos, el texto se divide en cuatro capítulos, el primero, que incluye esta introducción, el segundo, en el que se presentarán los resultados de la revisión de los alcances teóricos y debates referidos al "acceso a la justicia", y planteamiento de un concepto de derecho a la autocomposición del conflicto para los consumidores; el tercero, destinada a sistematizar de los estándares que dotan de contenido normativo al derecho fundamental al acceso a la

---

112 Castaldo, A. (2003). Introduction Historique au Droit. Paris: Dalloz.

113 Zeleznikow, J. (2017). Can Artifitial Intelligence and Online Dispute Resolution Enhance Efficiency and Effectiveness In Courts. International Journal for Court Administration, 8(2), 30-45. doi:10.18352/ijca.223

justicia de los consumidores en el marco del derecho internacional privado y el derecho comparado en los reglamentos que establecen principios estandarizados para el uso de ODRs y en los cuerpos legislativos vigentes sobre la materia; y el cuarto, destinado a abordar las implicaciones de los ODR relativas a la garantía del debido proceso y la seguridad jurídica: específicamente para el caso chileno.

Capítulo 2

REVISIÓN DE LOS ALCANCES TEÓRICOS Y DEBATES REFERIDOS AL "ACCESO A LA JUSTICIA", Y PLANTEAMIENTO DE UN CONCEPTO DE DERECHO A LA AUTOCOMPOSICIÓN DEL CONFLICTO PARA LOS CONSUMIDORES

El propósito de este capítulo es hacer una revisión crítica de la literatura que ha investigado la relación entre el derecho fundamental de acceso a la justicia y las plataformas ODR y esbozar las implicaciones de estos estudios sobre el grado en que los ODR se han implementado en la solución de conflictos con consumidores. Después de algunos aspectos terminológicos relevantes, abordaré los estudios que informan la implementación de los ODR para fomentar la autocomposición del conflicto en el contexto del comercio electrónico. Luego, analizaré los resultados de investigaciones que reportan una asociación negativa entre los ODR y la protección de los consumidores y, finalmente, explicaré los factores que explican estos resultados.

1. TERMINOLOGÍA

El desarrollo a gran escala del comercio electrónico consolida una de las tendencias más fuertes de las últimas tres décadas relativa a la privatización de la justicia, en particular, para causas de naturaleza comercial y transable. En efecto, si bien desde antaño se comprende por acceso a la justicia que cada individuo pueda ser oído ante los jueces, tanto para demandar o defenderse de un reclamo, a través de un sistema que debe satisfacer dos imperativos básicos, el primero que debe ser igualmente accesible para todos y, segundo, que el mismo debe "conducir a resultados que sean individual y socialmente justos", lo cual implica que el Estado debe garantizar dicho acceso, como si se tratara de un "derecho natural" del individuo[114]. Por ello, como legado directo del Derecho Romano[115], la administración de justicia fue una prerrogativa privativa del Estado. En efecto, durante el siglo XVIII, Adam Smith calificó como un deber del soberano destinado a proteger de la mejor forma posible a los miembros de una sociedad de la injusticia u opresión de cualquiera otro de los miembros de aquella[116].

Sin embargo, durante el siglo XX comenzó a percibirse un uso abusivo por parte de los particulares al ejercicio de este derecho, tanto así que en derecho angloamericano se le denominó la "tragedy of the commons"[117]. En consecuencia, un análisis económico del derecho al acceso a la justicia propuso una primera solución a este problema consistente en la privatización parcial del servicio. En efecto, la decisión de comenzar un litigio está usualmente motivada por la asunción de que éste maximizará la utilidad personal, sin embargo, al contemplar esta máxima utilidad personal se suele ignorar los costos sociales que ella implica. Es decir, la posibilidad de ir ante los tribunales sólo es atractiva si con ello se asegura de alguna manera que el beneficio exceda al costo[118].

Como no es esto común, la posibilidad de que la mediación extrajudicial pudiera hacerlo se hizo muy importante a finales del siglo

---

114 Cappelleti, Mauro & Garth, Bryant (1978), Access to justice: The newest wave in the worldwide movement to make rights effective, pág. 183.

115 Castaldo, André.(2003). Introduction historique au droit. 2e édition, Dalloz, Paris, pág. 13.

116 Kulms, R. (2013). Privatising Civil Justice and the Day in Court. En K. Hopt, & F. Steffek, Mediation, Principles and Regulation in Comparative Perspective (págs. 205-243). Oxford: Oxford Universtiy Press

117 *Ibídem*. pág. 209

118 *Ibídem*. pág. 209

XX, tanto a nivel privado como público[119], buscando un tipo de amabilidad en la solución de los conflictos[120]. En los Estados Unidos, una política de conectar a las Cortes con la mediación tuvo lugar a partir de diferentes programas cuyo objetivo principal era filtrar los casos que llegaban a dichas cortes y aligerar así la carga de lo contencioso en los tribunales, "Por lo tanto, los esquemas de mediación remodelan el papel de los jueces que son fundamentales en la ingeniería de resolución de disputas previas al juicio y sanción del resultado negociado por las partes"[121]. A lo anterior se agregan dos variables más en la estimación de los costos de la solución del conflicto: el bajo precio que se paga por una mediación en comparación con los de un proceso ante los tribunales, y el poco tiempo que se destina para la solución del conflicto, fueron llevando a que, poco a poco, la mediación fuera tomando un lugar importante como mecanismo de eficiencia y efectividad para la solución de litigios en el mundo.

De esta manera pasamos de un concepto de derecho al "acceso a la justicia" unido al ejercicio de la soberanía del Estado para administrar justicia, a otro concepto de "acceso a la justicia" permeado más por el imperativo económico de resolver de manera rápida y barata una disputa a través de mecanismos de autocomposición[122]. Pasamos de igual forma de entender que el "acceso a la justicia" estaba afectado de una brecha que cada vez se hacía más grande entre el conflicto y quienes podían tener acceso a las Cortes para solucionarlo, a otro tipo de "acceso a la justicia" en que el no contar con un método alternativo de solución de conflicto es un elemento determinante en

---

119 Clay, T. (2018). Les differents types de médiation. En W. Ben Hamida, & S. Bostanji, La médiation dans touts ses états (págs. 23-28). Paris: Editions A. Pedone.

120 Amrani Mekki, S. (2018). Justice amiable, la question du statut du médiateur. En S. Bostanji, & W. Ben Hamida, La médiation dans tous ses états (págs. 43-53). Paris: Editions A. Pedone.

121 Kulms, R. *Op.cit, pág. 210.*

122 Martínez-Cárdenas, B. (2022). Online dispute resolution y la renovación del concepto del derecho de acceso a la justicia para los consumidores. En Madrid Parra, A. & Alvarado Herrera, L., Derecho Digital y Nuevas Tecnologías. Thomson Reuters.

la reputación de un proveedor y en la creación de mecanismos de confianza en el mercado[123].

Son estos dos conceptos de acceso a la justicia que han venido a consolidarse con la emergencia de las plataformas ODR, con lo cual, asistimos ahora a una nueva brecha consistente en los métodos alternativos de solución de conflictos que buscan reforzar la *e-confidence* frente a los métodos tradicionales que se destinan a la aplicación de los estatutos de protección al consumidor, pero que, no pueden operar de manera transnacional. Veremos así cómo es la tensión entre estos dos diferentes conceptos de acceso a la justicia que se balancea la literatura relevante en relación con los ODR, los desafíos y las más recientes propuestas de armonización a través del uso de las tecnologías emergentes.

1.1 Literatura sobre la implementación de los odr para fomentar la autocomposición del conflicto en el contexto del comercio electrónico

A) Antes de las ODR

Recomendar las ODR se hizo algo natural y lógico en los países en que se venían aplicando la resolución alternativa de litigios (Alternative Dispute Resolution, ADR por sus siglas en inglés), esto es, un procedimiento de resolución de litigios, alternativo al jurisdiccional, en materia de consumo y que se desarrollaba con la intervención de una entidad que ayuda a las partes a solucionar entre ellas el conflicto de manera directa o a través de un tercero. "Alternative Dispute Resolution (ADR)... is a term generally used to refer to dispute resolution processes, sometimes informal, in which the parties meet with a professional third party neutral person (but it can be more than one person) who helps the parties to resolve their dispute in a

---

123 Martínez-Cárdenas, B. (2023). La online dispute resolution, acceso a la justicia y protección de los derechos del consumidor en el comercio electrónico: el caso chileno. IDP. Revista de Internet, Derecho y Política(38), 1-13. Obtenido de, https://doi.org/10.7238/idp.v0i38.409411

way that is less formal than the court system of any jurisdiction and is usually a consensual process"[124].

Las razones que llevaron al surgimiento de los procesos ADR obedecen a la percepción de fatiga y lentitud con las que usualmente se relacionan los procesos judiciales ante las cortes, en los que los altos costos y el inadecuado sistema de jurisdicción han tenido un impacto directo en el sector comercial y en la pérdida de productividad, de lo que sólo resultaban beneficiados los jueces y los abogados que atendían dichos procesos: "Recent statistics indicate that businesses spend well over a third or their legal Budget on litigation and every major dispute costs an avarage of 477 working days in management time"[125].

Para el año 2023, el Centro para la Efectiva Resolución de Conflictos, CEDR por sus siglas en inglés, computó las siguientes cifras relacionadas con el impacto positivo en la sociedad al lograr la reducción de los costos del proceso y del tiempo invertido en la solución de las disputas a través de métodos alternativos de solución de conflictos en el Reino Unido:

£1,475,765	706	£1,901,090
in court fees saved by consumer customers from using CEDR services vs going to court.	minimum number of Judicial Days saved that would take to process consumer claims	cost of running court days saved by CEDR services for consumers only

Tabla 1: Cifras del CEDR (Center for Effective DIspute Resolution, CEDR, 2023)

A partir de este análisis económico de los procesos ADR, se ha podido establecer que son altamente recomendables por tres razones, a saber, primero, permiten resolver las disputas de manera amistosa en lugar de utilizar estrategias de lucha en las que el ganador se lo lleva todo; segundo, se entienden que proporcionan un mayor acceso a la justicia y, finalmente, mejoran la eficiencia y reducen el tiempo de

---

124 Rana SC, R. (2014). Alternative Dispute Resolution: A Handbook for In-House Counsel in Asia. Singapore, Malaysia, Honk Kong: LexisNexis, pág. 2.

125 En este reporte, se hace referencia a una encuesta llevada a cabo por el CEDR y los solicitors CMS Cameron McKenna en 2005: *Ibídem*, pág. 4.

espera para la solución del conflicto[126]. Adicionalmente, se obtuvo evidencia al mejoramiento de la relación entre las partes en disputa luego de terminar el proceso de ADR, lo cual se ha considerado fundamental para esas situaciones en las que las partes deben seguir interactuando entre ellas[127].

Por estas razones, las ADR fueron impulsadas de manera global desde la década de los sesenta, en particular por los Estados Unidos de América y Australia[128]. En los Estados Unidos encontramos la Civil Rights Act 1964 (Fed USA), que condenaba todo tipo de discriminación para los empleados públicos originada por motivos raciales, de género o nacionalidad de origen, y en la que se incluía la posibilidad de un derecho a compensación de la víctima de dicha discriminación. Para la década de los setenta, el uso de procesos de mediación o arbitraje se hizo muy popular, sobre todo en el caso de las mujeres, "because they helped relieve pressure on the overburdened court system"[129]. En Australia, por su parte, la popularidad de la ADR llegó entre los setenta y los ochenta, teniendo como base factores tales como los bajos costos del proceso, la efectividad y flexibilidad que permitieron que ella se estableciera como un complemento del sistema judicial existente en la época[130]. Esta tendencia fue seguida por Nueva Zelanda, Canadá y el Reino Unido también en la década de los ochenta. En los siguientes años se unieron China y Asia, Japón, África, los países de tradición islámica, India y Singapur.

En el año 2002, con base en el artículo 6 de la Corte Europea de los Derechos del Hombre, CEDH, la Comisión Europea, publicó el Libro Verde relativo a los métodos alternativos de solución de conflictos en el derecho privado, haciendo del uso de la tecnología en éstos una prioridad para el futuro diseño y desarrollo de políticas de acceso a la justicia para los consumidores de la zona[131]. Así, por ejem-

---

126 Rana SC, R. (2014), *Op. cit.* pág. 4.

127 *Ibídem,* pág. 5

128 *Ibidem.*

129 *Ibidem,* pág. 11

130 *Ibídem.*

131 Ázcárraga Monzonís, C. (2016). Medios electrónicos en los sistemas extrajudiciales de resolución de conflictos. Novedades legislativas impulsadas desde Europa. En G. Palao Moreno, & C. Azcárraga Monzonís, Los nuevos instrumentos

plo, en el considerando 9 de la Directiva sobre mediación del año 2008, se estableció que esta reglamentación "no debe impedir en modo alguno la utilización de las nuevas tecnologías de comunicaciones en los procedimientos de mediación" (Parlamento Europeo, 2008, pág. L 136/3). Posteriormente, expidió en el año 2013 una directiva sobre el particular (Directiva 2013/11/UE) y los países miembros hicieron la transposición respectiva. España, por ejemplo, lo hizo a través de la Ley 7/2017.

Mediante este ejercicio de transposición, tanto la naturaleza como los efectos del procedimiento fueron previstos por la reglamentación. Así, la misma Ley 7/2017 establecía las definiciones fundamentales tales como "comercio transfronterizo"[132] o «Entidad de resolución alternativa»[133], con lo cual se creaban las bases de lo que se entendería posteriormente una garantía para el ejercicio del derecho al debido proceso. Esta misma reglamentación exigía que la entidad que fuera a poner en marcha el servicio de resolución de conflictos debía tener una especie de acreditación ante el Estado y cumplir con una serie de requisitos durante el procedimiento, como son, voluntariedad, defensa y asesoramiento de las partes, determinación de los costos del procedimiento, igualdad y contradicción entre las partes, así como la determinación de la validez de los acuerdos llevados a cabo con los consumidores antes de la prestación de este servicio. Plazos, fases del procedimiento, requisitos de los prestadores del servicio de resolución de conflictos y obligaciones y responsabilidades de éstas estaban también contempladas en dicha reglamentación (Agüero Ortíz, 2018). En consecuencia, si los ODR venían a reemplazar a las

europeos en materia de conciliación, mediación y arbitraje de consumo (págs. 17-36). Valencia: Tirant lo Blanch.

132 El literal g del artículo 2 de la Ley 7 /2017 establece que «Litigio transfronterizo de consumo» es el "litigio de naturaleza contractual derivado de un contrato de compraventa o de prestación de servicios en el que el consumidor, en el momento de realizar la orden de pedido, tenga su residencia en un Estado miembro de la Unión Europea diferente a aquel en que el empresario esté establecido".

133 De la misma manera, el literal h posterior, establece que «Entidad de resolución alternativa» es la "persona física o entidad, de naturaleza pública o privada, que independientemente de cómo se denomine o mencione, lleva a cabo procedimientos de resolución alternativa de litigios de consumo".

ADR, una buena parte de los imperativos de acceso a la justicia para consumidores estaban asegurados.

Sin embargo, las ADR fueron motivadas no tanto por un imperativo de garantizar el acceso a la justicia de los consumidores, sino, más bien, por imperativos de orden comercial y, en particular, asegurarse que los consumidores pudieran "si así lo desean, presentar reclamaciones ante entidades que ofrezcan procedimientos de resolución alternativa de conflictos con unos niveles armonizados de calidad. De este modo, se persigue reforzar la confianza de los consumidores en el mercado…. En cualquier caso, la ADR no regula los procedimientos de resolución alternativa de conflictos, sino la obligación de los Estados miembros de garantizar a los consumidores el acceso a entidades de ADR acreditadas que cumplan con los requisitos de calidad previstos"[134].

En efecto, la resolución de conflictos de manera digitalizada y en línea surgió como una necesidad de crear confianza en el comercio electrónico, más que como una prerrogativa de acceso a la justicia para los consumidores, en el entendido que la tecnología "actúa como facilitadora en tres grandes ámbitos de la resolución de conflictos: la comunicación entre las partes, la gestión del proceso y el aumento de la interactividad" (Barral Viñals, 2018, pág. 99). De allí que el paso más lógico a seguir, después de las ADR, era introducir la tecnología para trasladar el proceso de mediación análogo a un proceso digital, a través de lo que hoy conocemos como las plataformas *Online Dispute Resolution*, ODR.

B) Los orígenes de las ODR

Las ODR comienzan su historia hacia la década de los noventa, junto con la creación de los primeros emails. Ethan Katsh, creador de las ODR, explica que lo más sorprendente en el año 1990 fue que, cuando las personas se suscribían a su primera cuenta de email, había un capítulo denominado "Acceptable Use Policy" que sugerían la existencia de unas reglas sobre un objeto que todavía nadie conocía,

134 Extracto de la Exposición de motivos de la Ley 7/2017 transcrito por (Agüero Ortíz, 2018, pág. 43)

¿cómo era posible que existiera dicha política?: "The mere existence of the policy, therefore, indicated to us that the internet, even then, was not a conflict-free space"[135].

Una de las reglas de esa política de uso que más llamó la atención en la época fue la prohibición de realizar transacciones comerciales a través de internet. Sin embargo, en menos de una década, esta regla cambió y la posibilidad de generar ventajas económicas a través del intercambio de emails, en particular, las cadenas de emails se desarrollaron hasta llegar a las formas que actualmente conocemos y que siguen desarrollándose a través de la tecnología. La historia de las ODR está íntimamente vinculada a la manera como el *e-commerce* se ha desarrollado.

Ethan Katsh suele explicar esta historia en tres periodos, así, el primero, la etapa anterior a 1995; el segundo, la etapa de 1995 hasta 1998; y el tercero, desde ese año hasta la fecha. En estos periodos, él explica cómo antes de 1995 las "listservs" habían sido el foco de los principales conflictos en internet, debido a que las faltas de respeto y los mensajes injuriosos comenzaron a repartirse entre muchos usuarios, con consecuencias graves para la reputación de algunos de ellos. Este tipo de disputas emocionales fueron frecuentemente solucionadas eliminando de la lista a los dueños de las cuentas que enviaban mensajes indeseados y, quienes no eran formalmente excluidos, finalmente se retiraron de estas listas[136].

Un segundo tipo de disputas que llamó la atención antes de 1995 fue el de quienes cambiaban de identidad en el ciberespacio. "The Case of the Electronic Lover" fue uno de los más populares. En efecto, se trató de Joan, una supuesta neuropsicóloga confinada a una silla de ruedas por causa de un accidente automovilístico que lograba ponerse en contacto con el mundo a través del computador en un tipo particular de foro en internet. Sin embargo, luego se descubrió que Joan no era mujer y se llamaba Alex, que era un siquiatra de Nueva York que había ingresado al foro para experimentar lo que se sentía ser "mujer" entre mujeres. Esta revelación causó un daño

---

135 Katsh, E., & Rifkin, J. (2001). *Online Disput Resolution.* San Francisco: Jossey-Bass, pág. 45

136 *Ibídem.*

moral, en particular, en las participantes femeninas en dicho foro que, con sus nombres reales, habían revelado información relativa a su privacidad. Este tipo de prácticas para obtener y usar información confidencial a través de internet sigue siendo parte de los conflictos entre los usuarios de la red en la actualidad[137].

Un tercer caso relevante antes de 1995 fue el del sitio Lambada-MOO, en el que las personas creaban una identidad para ingresar. Lo nuevo de este sitio es que "one could do things in it that the laws of physics might not allow to be done in the real world"[138], así que llegó la persona que creó una muñeca voodoo para forzar a otras personas a mantener relaciones sexuales violentas en el sitio web. Este conflicto fue resuelto a través de otro personaje llamado Iggy que tenía un arma con poderes mágicos impermeables a los de la muñeca voodoo y logró dar fin a esta historia[139] que, para los tiempos actuales del metaverso, no parece ser tan extraña.

Los conflictos en la etapa de 1995 a 1998 comenzaron a tener un carácter económico: copias no autorizadas de softwares, fraudes cometidos en línea a través de falsos anuncios de acceso a créditos bancarios, todos los cuales resultaron en la necesidad de la Federal Trade Comission, FTC, de otorgar a las víctimas compensaciones por este tipo de daños. Es así como comenzó el otorgamiento de financiación a las universidades para fomentar proyectos de investigación en ODR: "The fisrt of these was the Virtual Magistrate. In a second set of grants, NCAIR provided funding for the Online Ombuds Office, a project we had proposed, and for family law mediation project at the University of Maryland", explica Ethan Kasth[140].

En paralelo a este tipo de financiación, en mayo de 1996 el NCAIR organizó la primera conferencia sobre ODR y en ella, los tras proyectos que recibieron financiación presentaron las que serían entonces las oportunidades de experimentación en tres líneas: un primer proyecto para arbitraje, the Virtual Magistrate Project, llevado a cabo por el Chicago-Kent College of Law; The Online Ombuds Office,

137 Ibidem, págs. 51 y 52.
138 Ibídem, pág, 53.
139 Ibídem.
140 Ibidem, pág. 55.

dedicada a la mediación y cuyo software original fue la base de muchas de las plataformas actuales de ODR que emplean la tecnología para acercar a las partes hacia un acuerdo extrajudicial. Finalmente, el Meryland Family Mediation Project actualmente se estableció como una de las plataformas más importantes para resolver disputas en materia de derecho de familia[141].

Para 1998, la tradicional comunidad ADR se convirtió en a las ODR y es así como el desarrollo de estas plataformas comenzó a robustecerse, en particular, para disputas provenientes de contratos de seguro ("the blind bidding solution"), arbitramento y mediación extrajudicial entre proveedores y consumidores. A continuación, presentamos la lista de ODR providers en materia de consumo que se encuentra actualmente registrada ante el web https://odr.info/provider-list/.

Tabla 1: Cuadro resumen que contiene los sitios web analizados relacionados con consumo y su situación entre diciembre 2022 y enero 2023, en el orden establecido en la página web https://odr.info/provider-list/

Nombre	Sitio web	Tipo	Especificaciones con las que cumple
1) ODR	https://odr.com/	Diseño y construcción de plataformas ODR, incluyendo consumo	- confidencialidad - transparencia Sigue los International Council for Online Dispute Resolution (ICODR) Standards
2) Jupitice	https://jupitice.com/	Operación, administración y coordinación de una plataforma ODR para resolver disputas B2B, B2C y C2C, incluyendo mediación	- confidencialidad - transparencia - no requiere mediadores certificados, aunque puede exigirse por las partes Sigue los ICODR Standards.
3) ADR4ALL	https://www.adr4all.com/	App que se promociona como un sistema ODR inteligente	- confidencialidad -posiblemente, tecnología actualizada -posiblemente, mediadores certificados

141 Ibídem págs. 56 y 57.

Nombre	Sitio web	Tipo	Especificaciones con las que cumple
4) American Arbitration Association	https://www.adr.org/	Ofrece servicios de mediación, arbitraje y negociación	- confidencialidad - transparencia - mediadores certificados -posiblemente, tecnología actualizada.
5) Centre for Effective Dispute Resolution (CEDR)	https://www.cedr.com/	Ofrece servicios de mediación (llamado aquí conciliación), adjudicación, y arbitraje	-confidencialidad -transparencia -mediadores certificados
6) European Alternative Dispute Resolution	https://eadr.org	Ofrece servicios ODR pero está más enfocado en arbitraje	-confidencialidad -transparencia
7) EU Online Dispute Resolution	https://ec.europa.eu/consumers/odr/main/?event=main.complaints.screeningphase	Página oficial del ODR de la Comisión Europea; requiere login	-confidencialidad -transparencia -posiblemente, mediadores certificados
8) Kleros	https://kleros.io/	ODR que utiliza crowdsourcing y blockchain. No tengo claro incluya mediación.	-confidencialidad -transparencia -posiblemente, tecnología actualizada
9) National Arbitration Forum	https://www.adrforum.com	Ofrece servicios de mediación	-confidencialidad -transparencia
10) Net Neutrals	https://netneutrals.com/	ODR, diseñado por eBay y enfocado en disputas en ese sitio	-confidencialidad -posiblemente transparencia
11) PeopleClaim	https://www.peopleclaim.com/	Plataforma que ofrece expertos e involucra al público en general para resolver una disputa	-confidencialidad -transparencia
12) Webyay	https://www.webnyay.in/	Ofrece varios servicios, entre ellos, mediación B2B, B2C y C2C	-confidencialidad -transparencia -no requiere mediadores certificados, aunque puede exigirse por las partes
13) An Olive Branch	https://www.anolivebranch.com/	Ofrece servicios de mediación online y offline	-confidencialidad
14) Anywhere Arbitration	http://www.anywherearbitration.com/	Ofrece servicios de arbitraje online, no mediación.	-confidencialidad -transparencia -posiblemente, mediadores certificados
15) Arbitration Resolution Services	https://www.arbresolutions.com/	Ofrece servicios de mediación y arbitraje	-confidencialidad -transparencia

Nombre	Sitio web	Tipo	Especificaciones con las que cumple
16) Brav	https://brav.org/	Ofrece servicios de mediación (no con ese nombre) y es una plataforma de entrenamiento.	-posiblemente confidencialidad -mediadores certificados (por ellos mismos)
17) Chamber of Commerce of Milan Dispute Resolution	https://www.camera-arbitrale.it/it/index.php	Ofrece servicios de mediación y arbitraje online	-confidencialidad -transparencia -mediadores certificados
18) Community Legal Aid SoCalODR	https://odr.legal-aid.com/	Ofrece servicios de mediación. Posiblemente aplicable a cuestiones de consumo, pero no es explícito.	-confidencialidad -posiblemente, transparencia, aunque falta información -posiblemente mediadores certificados
19) Conflict Team	https://conflicteam.com/	Ofrece un servicio de mediación basado en algoritmo, sin mediador humano. Posiblemente aplicable a cuestiones de consumo, pero no es explícito.	- transparencia hasta cierto punto (poca claridad en la confidencialidad de los datos) -posiblemente, uso de tecnología actualizada.
20) Cybersettle	http://www.cybersettle.com/	Ofrece un servicio de mediación basado en algoritmo, sin mediador humano. Posiblemente aplicable a cuestiones de consumo, pero no es explícito y tiene muy poca información.	-confidencialidad
21) eConciliador	https://www.econciliador.com.br/en/econciliador-the-simplest-and-most-intelligent-way-to-negotiate/	Ofrece servicios de ODR en consumo y otros. Poca información.	-posiblemente, confidencialidad -uso de tecnología actualizada.
22) Ejudicate	https://www.thinkbrief.com/	Ofrece servicios de arbitrajes en varias materias. Posiblemente aplicable a cuestiones de consumo, pero no es explícito.	-confidencialidad -transparencia -en algunos casos, mediadores certificados.
23) Endispute JAMS Online Mediation	https://www.jamsadr.com/endispute/	Ofrece servicios de mediación y arbitraje en varias materias, incluyendo consumo.	-confidencialidad -transparencia

Nombre	Sitio web	Tipo	Especificaciones con las que cumple
24) FairClaims	https://www.fairclaims.com/	Ofrece servicios de arbitraje y mediación en varias materias. Probablemente aplicable a cuestiones de consumo, pero no es explícito.	-probablemente confidencialidad -posiblemente transparencia, aunque falta en cuanto a la mediación en comparación con arbitrajes
25) Laboratoire de cyberjustice	https://www.cyberjustice.ca/en/	Se enfoca en la investigación acerca de resolución de conflictos, lo que incluye una forma de mediación online llamado PARLe.	-posiblemente confidencialidad
26) The Mediation Room	https://www.themediationroom.com/	No ofrece el servicio en sí mismo, pero una página en otra página sí, teniendo mediadores con experiencia en consumo. Poca información acerca del proceso.	Muy poca información
27) Modria	https://www.tylertech.com/products/online-dispute-resolution	Plataforma ODR que además posibilita que las partes negocien online y tengan acceso a un mediador, de ser necesario, pero tiene poca información	Muy poca información
28) New Era ADR	https://www.neweraadr.com/about/	Ofrece procesos de mediación y arbitraje	-confidencialidad -transparencia
29) Pakistan ODR	https://www.pkodr.com/	Ofrece servicios de mediación, incluyendo en materias que afectan a consumidores.	-confidencialidad -transparencia
30) Presolve 360	https://www.presolv360.com/	Ofrece servicios de mediación, y arbitraje incluyendo en materias que afectan a consumidores.	-confidencialidad -transparencia -posiblemente mediadores certificados, aunque no encontré cuales certificaciones se exigen. Sigue los ICODR Standards.

Fuente: Cuadro elaborado con la ayuda del profesor Nicolás Ojeda a partir de la información de la página https://odr.info/provider-list/

De los 139 ODR Providers registrados en *The National Center for Technology and Dispute Resolution*, la Tabla N°1 presenta las que ofrecen el servicio a los consumidores que aseguran garantizar la confidencialidad en el manejo de los datos de los usuarios, según información publicada por estos mismos proveedores en sus páginas. Por limitaciones inherentes a la metodología propuesta para este estudio, no fue posible recurrir a técnicas de investigación aplicada que podrían elevar la certeza respecto a los parámetros proporcionados por las plataformas, tales y como, por ejemplo, determinar si el servicio brindado (generalmente a cambio del pago de un precio) efectivamente cumple con la confidencialidad de los datos del usuario. Es por ello que se requerirá un estudio de campo *a posteriori*. En las siguientes secciones, pasaremos a analizar la información encontrada[142].

C) Las diversas plataformas de ODR

A través de 30 años de evolución, estas plataformas han pasado de ser una forma de digitalizar el proceso análogo de mediación a convertirse en proceso de negociación asistida mediante formas de comunicación directas bilaterales[143]. Se ha definido a la mediación en línea como "un proceso estructurado asistido principalmente por una persona humana, el mediador, que no impone una solución, pero pone sus esfuerzos en acercar las posturas de las partes para que resuelvan el conflicto por sí mismos. Este proceso se ve facilitado principalmente, a través del uso de las TIC, que se dedican, principalmente, a facilitar la comunicación entre las partes, así como también incrementar la eficacia en la gestión del proceso"[144]

---

142 Las implicaciones del incumplimiento con los parámetros de confidencialidad de la plataforma, en la Unión Europea, están regidos por el artículo 6.3 de la Ley de Servicios Digitales de la UE. Al respecto, véase: Arroyo Amayuelas, E. (2023). CONSUMER PROTECTION IN ONLINE MARKETPLACES*. Direito(83), 183-195. doi:10.12818/P.0304-2340.2023v83p183.

143 Suquet, 2016, pág. 253.

144 Ibídem.

D) Plataformas ODR que digitalizan el proceso análogo de mediación

Estas plataformas se caracterizan por fundarse en regulaciones estandarizadas emitidas por agencias multilaterales o intergubernamentales que buscan mantener los principios de la mediación análoga en la mediación digital, tales como el *International Council for Online Dispute Resolution* (ICODR)[145], como es el caso de **odr.com** https://odr.com/; las Jupitice ODR Procedural Rules[146], en **Jupitice** https://jupitice.com/; las Model Procedural Rules for the APEC Collaborative Framework for ODR of cross-border B2B disputes & UNCITRAL Technical Notes on Online Dispute Resolution[147]; Model Standards of Conduct for Mediators[148] o las reglas del International Bar Association (IBA) Guidelines on Conflicts of Interest in International Arbitration (2004) y las IBA Rules of Ethics for International Arbitrators[149]. en la **American Arbitration Association** https://www.adr.org/ o **Anywhere Arbitration**[150] http://www.anywherearbitration.com/[151].

Otras se basan en o cuerpos legislativos más sólidos como la "Consumer Alternative Dispute Resolution (General) Regulations" (S.L.378.18) de Malta[152], que es el caso de la **European Alternative Dispute Resolution** https://eadr.org y el **Centre for Effective Dispute Resolution (CEDR)** https://www.cedr.com/; la Directiva 2013/11/UE del Parlamento Europeo y del Consejo de 21 de mayo de 2013 relativa a la resolución alternativa de litigios en materia de consumo y por la que se modifica el Reglamento (CE) Número 2006/2004 y la Directiva 2009/22/CE (Directiva sobre resolución alternativa de litigios en materia de consumo), y la GDPR[153], como es el caso de la European Alternative Dispute Resolution https://eadr.org y la **EU**

---

145 https://icodr.org/standards/

146 https://jupitice.com/images/rules/jupitice-odr-procedural-rule.pdf

147 https://jupitice.com/e-odr.php y https://jupitice.com/odr/index.html

148 https://www.adr.org/Mediation.

149 http://www.anywherearbitration.com/about-us.html

150 http://www.anywherearbitration.com/institutional-clients.html

151 http://www.anywherearbitration.com/institutional-clients.html

152 Gobierno de Malta, Subsidiary Legislation 378.18 Consumer Alternative Dispute Resolution (General) Regulations, publicada el 20th November, 2015 https://legislation.mt/eli/sl/378.18/20151209/eng

153 https://eadr.org/rules-of-procedure/ artículo 6.

Online Dispute Resolution https://ec.europa.eu/consumers/odr/main/?event=main.complaints.screeningphase, esta última establecida en el Reglamento (UE) No 524/2013 del Parlamento Europeo y del Consejo de 21 de mayo de 2013 sobre resolución de litigios en línea en materia de consumo y por el que se modifica el Reglamento (CE) no 2006/2004 y la Directiva 2009/22/CE[154].

Como puede observarse, la gran mayoría de estas 30 plataformas ofrecen el servicio de mediación y/o conciliación realizada por un conciliador profesional, entrenado[155] y del cual se garantiza la imparcialidad y objetividad durante el procedimiento. De igual forma, mantienen la confidencialidad de los asuntos tratados, utilizan tecnología actualizada y se esfuerzan por cumplir con la obligación de transparencia durante la negociación. Sin embargo, veremos que otras plataformas operan de formas muy diferentes.

E) Plataformas ODR que funcionan con tecnologías móviles, *blockchain* e Inteligencia Artificial (IA)

Desde hace una década, los proveedores o los *marketplaces* pueden utilizar los dispositivos electrónicos de los consumidores con el fin de ayudarles a llegar a un acuerdo en caso de una eventual disputa, en el que la tecnología, además de solucionar la disputa, contribuye a mejorar la gestión del cliente por parte del proveedor o del operador de la plataforma electrónica. Hay varios tipos de apoyos que se pueden lograr con la tecnología. El primero es el denominado "negociación asistida", el segundo "negociación automatizada", el tercero se trata de "los sistemas de Apoyo a la Negociación y a la Decisión" y, finalmente, el Arbitraje en línea.

La negociación asistida, a su vez, se logra a través de varias vías. i) A través de la implementación de una herramienta de filtrado de la información presentada por el reclamante. Así, a partir de preguntas y respuesta, el proveedor de RLL redirige el reclamante para que especifique la controversia... ii) La negociación asistida...Así, la

---

154 Debe considerarse en conjunto con la Directiva 2013/11/UE de la misma fecha.

155 Ver por ejemplo el programa de entrenamiento del Centre for Effective Dispute Resolution (CEDR) se encuentra en https://www.cedr.com/skills/, de mínimo 70 horas de duración.

tecnología puede asistir al proveedor de RLL o al tercero imparcial ya que, por ejemplo, permite enviar de forma automática recordatorios a las partes para que realicen algunas acciones de acuerdo con una determinada fase del proceso. Asimismo, también puede determinar automáticamente estas fases del periodo del proceso y los plazos respectivos"[156]. Así, la negociación asistida contribuye a la mejor gestión del negocio por parte del proveedor o del operador de la plataforma electrónica.

La negociación automatizada consiste en el proceso de mediación que utiliza la tecnología para completar alguna información necesaria para el mediador a fin de poder ayudar a resolver una disputa. Lo anterior se logra "con la conversión de los aspectos de la disputa en cifras numéricas, permitiendo que una serie de algoritmos calcule el mejor acuerdo posible"[157]. Una de las plataformas más fuertes en la utilización de algoritmos para la resolución de los conflictos es **Cybersettle** http://www.cybersettle.com/. En ella, la mediación se realiza basada en algoritmo que compara propuestas sin mediador humano.

Finalmente, el arbitraje en línea "implica la participación de un tercero que impone un laudo, que es vinculante y exigible para las partes"[158]. En algunos países como Colombia, se trata de un proceso judicial, pero en otros es considerado como cuasi-judicial por la vocación que tiene el laudo de reemplazar una sentencia judicial[159]. Entre estas plataformas se encuentran las que crean sus propias reglas de procedimiento como es el caso de Webnyay[160] .

F) Plataformas ODR que funcionan con métodos colaborativos en la solución de disputas al estilo de un crowdsourcing

La sabiduría de la multitud está siendo utilizada por un grupo de plataformas que se ha hecho popular en los últimos cinco años y que

---

156 RLL es la sigla para Resolución de Litigios en Línea. Ver: (Suquet, 2016, pág. 253 y 254)

157 Ibidem, pág. 254

158 Ibidem, pág. 255.

159 Ibidem.

160 Microsoft Word - Webnyay Rules of Dispute Resolution 2020.docx

opera de manera colaborativa. "se trata de publicitar un conflicto determinado en internet, ámbito que se confiere en el foro para resolver la disputa. Así, de forma similar a un crowdsourcing, término que asigna una función que usualmente era realizada por una persona, e.g. un empleado, a un número de personas en la forma de una convocatoria pública, abierta, en crowdsourcing ODR se refiere a los métodos de RAL y a los procedimientos judiciales en los que, a través de Internet, se otorga la capacidad un número de personas de influir en la resolución de disputas. De esta forma, un grupo de gente puede desempeñar les diversos para resolver una disputa. Así, algunos casos prácticos muestran como la colectividad puede evaluar o dar su opinión o incluso ofrecer un veredicto sobre la disputa"[161].

Algunas de estas plataformas son, en primer lugar, **Sidetaker** https://www.sidetaker.com/, en el que se presentan temas polémicos con el fin de que los participantes puedan tomar postura y generar un debate en la página, y se muestra el porcentaje de personas que estuvieron a favor o en contra de alguna de las posiciones, así como sus comentarios.

En segundo lugar, encontramos a **Kleros** https://kleros.io/, un protocolo ODR de código abierto y descentralizado que utiliza blockchain y crowdsourcing para arbitrar conflictos. No obstante, la forma en que se resuelve el conflicto dista mucho de la tradicional mediación[162], puesto que este se resuelve a través de una decisión de un 'jurado/jueces' y/o 'tribunales'. La plataforma se emplea, entre otras, para contiendas relacionadas con el consumo[163]. Los contratantes deciden únicamente el tipo de 'tribunal' que va a dirimir el conflicto, es decir, un litigio de seguros debe ser dirimido por un tribunal de seguros, y la elección de los integrantes de dicho 'tribunal' se realiza de manera automática y aleatoria, teniendo en cuenta las capacidades

---

161 Ibídem, pág. 257

162 Martínez-Cárdenas, Betty. «La online dispute resolution, acceso a la justicia y protección de los derechos del consumidor en el comercio electrónico: el caso chileno». IDP. Revista de Internet, Derecho y Política, 2023, n.º 38, págs. 1-13, https://doi.org/10.7238/idp.v0i38.409411.

163 C. Lesaege, W. George, y F. Ast, 'Kleros Long Paper v2.02', July 2021, pág. 53. Disponible en https://kleros.io/static/yellowpaper_en-8ac96b06f39f19a-6a28106cf624e3342.pdf

y experiencia de las personas inscritas para dicha tarea[164]. El sistema proporciona una criptomoneda como retribución, castigando a los 'jueces' que no votan en consonancia con otros jueces (es decir, llegan a una resolución 'errónea') con un porcentaje inferior de criptomonedas concedidas. Esto se hace, según la página, para prevenir decisiones deshonestas o poco profesionales, ayudando a 'depurar' (teóricamente) la lista de personas disponibles[165]; sin embargo, aunque Kleros no exija ninguna certificación o especialización, confía en que el sistema de incentivos será suficiente para que los expertos sobresalgan por encima de los no expertos. El diseño del sistema se centra en mantener el anonimato de los 'jueces' como pretensión de garantía de su independencia y prevención de la corrupción[166].

2. ESTUDIOS QUE INFORMAN RESULTADOS NEGATIVOS RELATIVOS A LA IMPLEMENTACIÓN DE LOS ODR CON CONSUMIDORES

El proceso de ADR y su continuación a través de los ODR padece de limitantes importantes, las cuales fueron resaltadas desde los orígenes de ambas. Para comenzar, en su momento, las ADR fueron criticadas por fomentar acuerdos en casos en que éstos no eran apropiados: "...el acuerdo puede ser una buena manera de resolver algunas disputas, pero no es apropiado para otras. En conflictos judiciales serios y casos de diferencias morales intolerables, el compromiso simplemente no es una opción porque los problemas significan demasiado para las partes en disputa".[167].

Un segundo argumento en contra de los ADR consiste en ser este un proceso privado y confidencial, con lo cual, no sólo los partícipes deben pagar por ello, sino que ni el proceso, ni la solución puede ser publicada a efectos de guardar un registro de las mismas o de poder analizarlas en conjunto, como por el contrario sucede con los fallos

164 Ibidem., pág. 8. Se inicia con la Corte General, pero a través de un sistema de incentivos se va avanzando a 'tribunales' más especializados.

165 Ibidem., págs. 19-20.

166 Ibidem.

167 Rana SC, *Op.cit.*, pág. 6.

de las cortes[168], con lo cual es casi imposible determinar la manera como han sido resueltas las disputas en la práctica[169].

En tercer lugar, existe el argumento consistente en que las ADR provee una especie de "justicia de segunda clase" en tanto que les resta importancia a los procesos judiciales tradicionales, en tanto a que no se aplican claramente las reglas del debido proceso y, en algunos casos, parece aumentar el desbalance en ciertas relaciones de asimetría[170] como, por ejemplo, la de los consumidores frente a los proveedores. En efecto, los principales cuestionamientos giran en torno a si la tecnología es suficiente para ofrecer las piezas de evidencia necesarias para la toma de una decisión a fin de solucionar el conflicto y permitir acceder al máximo de los detalles de la prueba; al hecho de que las partes acudan a la plataforma sin estar asistidas de un abogado y a la falta de garantía sobre la imparcialidad y objetividad con que opera la plataforma ODR[171].

En cuarto lugar, las consideraciones éticas se tornan fundamentales si se tiene en cuenta que, hasta la fecha, no se ha abierto el debate sobre cuáles disputas deben ser resueltas en persona y cuáles online. Valores como transparencia, eficiencia y conflictos dinámicos podrían nutrir una eventual regulación, como lo proponen algunos basados en teorías de ciencia política/políticas públicas como *polycentric governance*[172]. Problemas éticos puedes surgir cuando es difícil determinar responsabilidades sobre quién cometió errores y la ausencia de culpa se logra oponiendo la excusa del algoritmo, o a la necesidad de realizar ajustes a las plataformas. Es por ello que surge la necesidad de que las personas que diseñan, monitorean y revisan los resultados de estas plataformas deben tener el poder de usar modelos de decisiones éticos, y actuar en forma ética. Finalmente, debe considerarse como balancear los intereses de las diversas

---

168 *Ibídem*, pág. 6.

169 Kulms, *Op.cit*, pág. 214)

170 Rana SC, *Op.cit.*, pág. 6.

171 Abrantes Geraldes, A. (2022). A judge's perspective. En D. Moura Vicente, E. Dias Oliveira, & J. Gomes de Almeida, Online Dispute Resolution, New Challenges (págs. 21-36). Lisboa: Nomos.

172 Shackelford S., Raymond A. (2014), Building the virtual courthouse: Ethical considerations for design, implementation, and regulation in the world of ODR in Wisconsin Law Review 3. 615-658.

partes involucradas en el contexto ODR; por ejemplo, una ventaja de la ODRs y sus resoluciones vinculantes es la eficiencia, pero sin que ello implique renunciar al debido proceso, como por ejemplo llevar a que el usuario renuncie a apelar[173].

Finalmente, la tradicional confidencialidad de los MASC podría llevar a crear un serio obstáculo para lo que tradicionalmente se ha entendido como el derecho al acceso a la justicia, de un lado, y al aseguramiento de la transparencia en el uso de la tecnología, por el otro. En efecto, el imperativo de confidencialidad puede desdibujar el cumplimiento del imperativo de transparencia, en la medida en que no se exigen registros como los que se llevan ante una corte, lo que puede afectar el desarrollo de una línea jurisprudencial en la materia (fragmentación de las soluciones, como lo que ocurre con arbitrajes internacionales) u ocultar conflictos de interés con la plataforma. Hasta la fecha, pese a la proposición de algunas herramientas de política legislativa y autorregulación, existe un consenso de la necesidad de armonizar el interés de la justicia y el comercio en ODRs en el ciberespacio[174].

3. FACTORES QUE AYUDAN A COMPRENDER LAS IMPLICACIONES POSITIVAS Y NEGATIVAS DE LOS ODR EN EL COMERCIO ELECTRÓNICO

Una aproximación desde el análisis económico del régimen tradicional de ejecución del contrato resalta la necesidad de hacer pagos a terceros con el fin de forzar el cumplimiento en naturaleza o por equivalente de las obligaciones contractuales frente a hipótesis tales como la interrupción o abandono de las obras o la eventual declaratoria de insolvencia por parte del deudor. En consecuencia, la pregunta que se plantea es la de saber ¿cómo pueden resolverse las disputas de forma transparente sin causar pérdidas significativas de dinero y tiempo? Pese a la persistencia de los problemas de confiabilidad y escala (relativos al desarrollo de la tecnología) los ODRs se

---

173 *Ibídem.*

174 *Ibídem.*

destacan por ser el mecanismo más directo, barato y rápido disponible en el mercado[175].

Para garantizar la confiabilidad y transparencia del sistema, Saygili M., Mert, I E. y Tokdemir, O.B., (2022) exploraron la idea de usar blockchain systems y smart contracts, dado que estas tecnologías limitan la intervención humana. Estos investigadores hicieron pruebas con una plataforma ODR genérica en conjunto con smart contracts (parecida a Kleros), lo que les permitió destacar las bondades de la misma en la prevención y solución de conflictos. La principal variación que advirtieron es que el cliente abona el dinero previo a que se complete el trabajo, y este se mantiene 'bloqueado' en el blockchain. Cuando el proceso está finalizado, si hay acuerdo se desbloquea; si se ha completado solo en parte, se puede liberar una fracción y luego el resto; finalmente, si no se ha finalizado, el cliente puede conservar el dinero o puede surgir una disputa (por ejemplo, si el trabajo no se realizó debido a circunstancias fuera de su control, como malas condiciones o inseguridad).

En este último escenario, el sistema permite la intervención automática de un tribunal virtual (ambas partes deben pagar un costo adicional de arbitraje, bloqueado en el blockchain, para prevenir disputas triviales que retrasen el proyecto, el cual se reembolsa al ganador; si no se paga, se pierde el caso). La prueba se carga digitalmente y el tribunal asigna a miembros de la red el papel de jurado (al azar, que no pueden comunicarse entre sí), quienes son recompensados por llegar a la decisión de la mayoría ('correcta')[176]. Esta resolución puede ser objeto de recurso, lo que da lugar a un nuevo ciclo. Al concluir el procedimiento, el bando victorioso recibe tanto el monto original como el pago adicional por el arbitraje, mientras que el pago adicional del perdedor se reparte entre los miembros del jurado.

De acuerdo con los autores, este sistema tiene la ventaja de ser rápido (un caso revisado que se llevó a cabo en Kleros se resolvió en tan solo 3 días), fiable y sencillo, además de ser fácilmente rastreable

---

175 Saygili M., Mert, I E. y Tokdemir, O.B., (2022), A descentralized structure to reduce and resolve construction disputes in a hybrid blockchain network in Automation in Construction 134

176 *Ibídem.*

en el *blockchain*. Asimismo, el dinero se transfiere o libera de inmediato, minimizando el riesgo de impagos o retrasos en los pagos. Sin embargo, el autor apunta que debido a las peculiaridades de la industria de la construcción, un sistema de resolución de disputas en línea (ODR) genérico carece de ciertos aspectos que lo hagan totalmente aplicable a este sector (como el hecho de que solo permiten la interacción entre dos partes, cuando normalmente hay múltiples partes en un proyecto; que los jurados son seleccionados al azar, lo que puede incluir personas sin conocimientos en construcción; falta de privacidad en ciertos puntos que las empresas necesitan mantener en secreto; y problemas derivados de la falta de uso de conceptos propios de la disciplina, entre otros), por lo que propone una herramienta llamada *Decentralized Construction Enabling Transparent Resolution* (DCENTRE), que funcione en una red *blockchain* específica para la construcción, que incluya a las empresas constructoras como nodos, que actúen como usuarios habituales, pero que hagan de jurado cuando sea preciso; esto facilita la gestión de las disputas dentro del sector, sin la necesidad de una autoridad central o un tercero que actúe como avalista.

De acuerdo con este estudio, la tecnología *blockchain* promueve la transparencia al permitir que cada nodo acceda a la información de los demás y permitir la inclusión de más entidades en el contrato inteligente desde el principio, aunque luego se vuelve inmutable. Esto facilitaría la prevención de conflictos y la gestión transparente de la resolución de disputas a través de un subcomponente llamado JUS-DCENTR. Los jurados son empresas constructoras y profesionales del sector, que ganan puntos de credibilidad basados en sus decisiones.

Sin embargo, subsisten importantes desafíos. Los autores resaltan, entre ellos, el desarrollo y la seguridad de la tecnología, la posibilidad de ataques *sybil* y la falta de adopción y validación legal de los contratos inteligentes[177]. No obstante, más allá de estos, lo cierto es que desnaturalizan el proceso mismo de la mediación. En efecto, en estas plataformas que combinan la Inteligencia Artificial con el *blockchain*, en lugar de buscar un acuerdo entre las partes, delegan en un

[177] *Ibídem*.

Jurado la decisión sobre qué es lo "justo", lo que se ha denominado "the wisdom of crowds"[178], o "sabiduría de la masa".

La consecuencia más importante, según lo hemos observado a lo largo de esta investigación, es que la utilización de plataformas ODRs destinadas a utilizar blockchain systems y smart contracts no exigen un compromiso directo con las políticas y prácticas comerciales del *e-commerce* y el comercio internacional, lo cual podría diferir de la forma de acceso a la justicia originalmente considerada por los Estatutos de Protección al Consumidor[179].

Ahora bien, este tipo de plataformas ha venido tomando un lugar importante en el mercado. Kleros, por ejemplo, fue galardonada con el *Prize on Blockchains for Social Good* por parte del *European Innovation Council* galardonó[180]. La importancia de insistir en la mantención de unos mínimos estándares relacionados con el verdadero proceso de mediación extrajudicial online nos parece aún más urgente.

4. PRESIÓN POR LOS ESTÁNDARES DE CALIDAD Y FACTOR REPUTACIONAL

Las plataformas que funcionan mediante algoritmos, a fin de poder ser consideradas como una verdadera alternativa de acceso a la justicia para los consumidores, a lo menos, deben poseer ciertos atributos: ser sencillas de manejar en la ejecución de sus tareas; que se rijan por principios como la transparencia, previsibilidad, responsabilidad y auditabilidad; que cuenten con protecciones contra la ma-

---

178 Kontak, M. (2021). Modern Tools to Lower the Costs of Disputes: DIgitalisation and the New Venues of Online Dispute Resolution. Harmonius: Journal of Legal and Social Studies in South East Europe, pág. 123.

179 Martínez-Cárdenas, Betty. «La online dispute resolution, acceso a la justicia y protección de los derechos del consumidor en el comercio electrónico: el caso chileno». IDP. Revista de Internet, Derecho y Política, 2023, n.º 38, págs. 1-13, https://doi.org/10.7238/idp.v0i38.409411.

180 EUROPEAN INNOVATION COUNCIL. (30 de 06 de 2020). The Commission's European Innovation Council awards €5 million to blockchain solutions for social innovations. Recuperado el 14 de 12 de 2022, de Shaping Europe's digital future: https://digital-strategy.ec.europa.eu/en/news/commissions-european-innovation-council-awards-eu5-million-blockchain-solutions-social-innovations.

nipulación, y altos niveles de ciberseguridad; y por último, que estén en disposición de considerar en el futuro las posibles repercusiones a largo plazo de acciones y decisiones[181].

Ejemplos de este tipo de plataformas se han venido desarrollando, por ejemplo, en el Reino Unido, en donde ha sido posible dirigir la tecnología de manera tal que permita a los consumidores entender sus derechos, reclamar, saber qué hacer y cuándo y escalen la disputa, de ser necesario a un ADR o a un Ombudsman. La plataforma inglesa Resolver https://www.resolver.co.uk/are-you-a-business, pese a no figurar en la lista de https://odr.info/provider-list/, parece sin embargo haber superado de una forma muy interesante las limitantes tradicionales de este tipo de plataformas. En primer lugar, comprende que la relación de consumo se establece no sólo con los consumidores, sino por los proveedores y consumidores, de allí que ofrezca sus servicios en dos sectores, a las corporaciones, con el fin de ayudarlas a mejorar la efectividad en el manejo de reclamos a través de recomendaciones basadas en un análisis detallado del reclamo, incluyendo la ubicación geográfica del reclamante y su status socioeconómico, la severidad del incidente, y las emociones del consumidor, entre otros, lo que permite predecir las respuestas del consumidor; y a los pequeños negocios, para contribuir en la comprensión de sus derechos y los de los consumidores, y guiarlos en el proceso de cómo responder al cliente y resolver la disputa, y en caso de que no se pueda, como llevarla al siguiente nivel[182]; a lo cual se agrega el servicio de Ombudsman/ADR, una plataforma que concede un acceso efectivo y eficiente a la justicia manejando el caso y aportando con soporte técnico, en aspectos en los que tanto los consumidores como los proveedores requieren de asistencia adicional y que no puede ser suplida por aquellos. Adicionalmente, esta plataforma es utilizada por el Traffic Penalty Tribunal, encargado del estudio de las infracciones de

---

[181] Shackelford S., Raymond A. (2014), Building the virtual courthouse: Ethical considerations for design, implementation, and regulation in the world of ODR *in Wisconsin Law Review 3. 615-658*

[182] Walker J. (2017), Building better markets in International Journal of Online Dispute Resolution, 4(1) 48-52

tránsito en Inglaterra y Gales, logrando cifras récord en la eficiencia de la solución de los conflictos[183].

De manera sencilla, Resolver, manteniendo la confidencialidad, parece lograr proveer información en tiempo real acerca de las cuestiones sobre las cuales los consumidores reclaman y las formas como se manejan y resuelven, con lo cual es posible cumplir con los objetivos de transparencia y de publicidad que la acercan más a los objetivos de lo que tradicionalmente se ha entendido como acceso a la justicia. La plataforma reporta un alto índice de satisfacción del consumidor, lo que contribuye a la construcción de mejores mercados.

Paralelamente, también fue creada la plataforma *Reporter*, una plataforma que provee en tiempo real datos y tendencias del mercado sobre los cuales los consumidores han tenido problemas y les permite conocer cómo las distintas organizaciones estatales han dado respuesta, con lo cual se garantiza que los consumidores puedan tomar decisiones de manera ilustrada[184]. En consecuencia, parece que estamos frente a una plataforma que permite a las partes solucionar directamente sus conflictos, que asegura la transparencia, imparcialidad y permite a los usuarios ejercer su libertad en la toma de decisiones. Otros estudios sin embargo deberán ser realizados para saber, en la práctica, qué tanto este tipo de plataformas contribuye a garantizar el acceso a la justicia para los consumidores.

CONCLUSIONES DEL CAPÍTULO SEGUNDO

De acuerdo con los resultados de este estudio, la interacción de los procesos de mediación extrajudicial a través del uso de tecnologías emergentes ha conducido a la creación de, por lo menos, dos conceptos de acceso a la justicia que, a su vez, presentan desafíos también para la naturaleza misma de los métodos alternativos de solución de conflictos. De un lado, se ofrecen en el mercado servicios de ODR que buscan reforzar la *e-confidence* tratando de utilizar los métodos análogos tradicionales anclados en la legislación, en particular, en los estatutos de protección al consumidor, pero que, tie-

183 *Ibídem*, pág. 51.
184 *Ibídem*.

nen la gran limitante de no poder operar de manera transnacional; frente a otros que, utilizan la tecnología disruptiva para reemplazar al mediador por un jurado que solucionará el conflicto conforme a las instrucciones codificadas que no necesariamente obedecen a la aplicación de un sistema legal determinado.

Vimos también que esta tensión entre estos dos diferentes conceptos de acceso a la justicia balanceadas en la literatura relevante en relación con los ODR, presenta importantes desafíos en relación con la protección al debido proceso y la imparcialidad y objetividad de la solución del conflicto. No obstante, algunos desarrolladores han logrado conciliar estas dos perspectivas para lograr un sistema de mediación online mucho más cercano a las nociones tradicionales del derecho al acceso a la justicia y los métodos alternativos de solución de conflictos a través de la publicación de las decisiones y brindar reportes sobre la dinámica gubernamental en asuntos de interés a los usuarios, a través de la propuestas del uso de las tecnologías emergentes para cumplir con los objetivos básicos de los estatutos del consumidor, cual es, permitir que éste —en principio, pero también el proveedor— tome una decisión en libertad.

En el próximo capítulo analizaremos las principales implicaciones a los estándares que dotan de contenido normativo al derecho fundamental al acceso a la justicia de los consumidores en el marco del derecho internacional privado y el derecho comparado en los reglamentos que establecen principios estandarizados para el uso de ODRs y en los cuerpos legislativos vigentes sobre la materia.

Capítulo 3

SISTEMATIZACIÓN DE LOS ESTÁNDARES QUE DOTAN DE CONTENIDO NORMATIVO AL DERECHO FUNDAMENTAL AL ACCESO A LA JUSTICIA DE LOS CONSUMIDORES EN EL MARCO DEL DERECHO INTERNACIONAL PRIVADO Y EL DERECHO COMPARADO EN LOS REGLAMENTOS QUE ESTABLECEN PRINCIPIOS ESTANDARIZADOS PARA EL USO DE ODRS Y EN LOS CUERPOS LEGISLATIVOS VIGENTES SOBRE LA MATERIA

El derecho del consumidor es una especialidad bastante internacional. En vista de que los desafíos son parecidos y considerando que el derecho del consumidor, como una especialidad emergente, tiene menos conexiones con siglos de costumbres legales nacionales, las respuestas jurídicas a los dilemas del consumidor frecuentemente se comparten entre países. En el estudio del derecho del consumidor, los aspectos comparativos siempre han tenido un peso relevante. Dicho de otra manera, el derecho del consumidor ejemplifica una fascinante combinación de localismo y globalismo[185]. Sin embargo, al definir las normas fundamentales del derecho del consumidor en un mercado unificado, puede surgir una fricción entre diferentes perspectivas del derecho del consumidor. Por un lado, se encuentra una visión del derecho del consumidor centrada en el mercado, que se enfoca en garantizar un acceso imparcial, supervisar las deficiencias en la información y el fraude, y donde el papel del Estado en la configuración de las reglas del mercado es mínimo. Por otro lado, existe una interpretación del derecho del consumidor que incluye reglas de justicia y distribución de pérdidas y riesgos[186].

Hoy en día, existe una creciente confianza en que esta tensión pueda ser gestionada a través de las estrategias de autorregulación o enfoques cooperativos de autorregulación, donde el legislador proporciona un marco general, pero espera que la industria encuentre las soluciones adecuadas para cumplir con los objetivos establecidos. Los métodos de resolución alternativa de conflicto (ADR) y, en particular las plataformas o sistemas ODR a menudo se ven como la opción más provechosa para solucionar problemas de los consumidores. No obstante, el empleo de las plataformas electrónicas en el comercio y la solución de disputas abrió un gran debate en Europa, ya que la Unión busca establecer si las personas jurídicas deberían gozar de las protecciones de las leyes del consumidor y, si es así, deberían ser únicamente las pequeñas y medianas empresas.

Así mismo se cuestiona la naturaleza de las empresas que acuden a estos mecanismos de mediación en línea. Algunos proponen que la respuesta probablemente debería variar dependiendo del motivo por el cual se está protegiendo al consumidor: falta de información, falta de poder de negociación, pero los legisladores frecuentemente se preocupan por estas distinciones, las cuales a menudo son objeto de litigios en los tribunales. La aparición de la economía colaborativa genera más interrogantes, dado que el prestador del servicio suele

---

185 Benöhr, I., & Micklitz, H. W. (2018). Consumer protection and human rights. In Handbook of Research on International Consumer Law, Second Edition (págs. 16-34). Edward Elgar Publishing.

186 Howells, G., & Ramsay, I. (Eds.). (2018). Handbook of research on international consumer law. Edward Elgar Publishing

ser un individuo privado que opera a través de una plataforma digital y, en consecuencia, no se trata de un comerciante profesional[187].

Este capítulo proporciona un análisis general de los principales instrumentos de Derecho Internacional Privado destinados a establecer los estándares internacionales para la autorregulación en el uso de ODR en el contexto del comercio electrónico. En primer lugar, explicaré cómo el estándar internacional más importante en la materia, las Notas técnicas de la CNUDMI sobre la solución de controversias en línea los estándares internacionales, influyen en las políticas locales de protección al consumidor en todos los niveles. En segundo lugar, explicaré el contexto histórico en el que tales estándares internacionales comenzaron a tener lugar la influencia en Latinoamérica y Europa. Finalmente, analizaré críticamente la adopción de los estándares internacionales sobre el uso de los ODR en la reglamentación sobre mediación en Chile.

1. INFLUENCIA DE LAS NOTAS TÉCNICAS DE LA CNUDMI SOBRE LA SOLUCIÓN DE CONTROVERSIAS EN LÍNEA EN LA UTILIZACIÓN DE LAS PLATAFORMAS ODR

En materia de Derecho Internacional Privado son dos los principales problemas se presentan, a saber, el primero, relacionado con la determinación del tribunal competente y la legislación aplicable a la disputa; y, el segundo, determinar si el acuerdo logrado a través de la mediación extrajudicial tendrá efecto vinculante con el fin de, como ocurriría con una sentencia dictada por un juez del domicilio del demandado, pueda ser ejecutado en otro país, en particular, el país de residencia del consumidor[188]. En efecto, la gran pregunta que se plantea a nivel de resolución de disputas dentro del contexto del *e-commerce* es cómo hacer ejecutable el resultado. Para algunos, la

---

187 Howells, G., & Ramsay, I. (Eds.). (2018). Handbook of research on international consumer law. Edward Elgar Publishing, págs. 4-9.

188 Nava González, W. (2020). Los mecanismos extrajudiciales de resolución de conflictos en línea: su problemática en el derecho internacional privado. Anuario Colombiano de Derecho Internacional, 13, 187-208.

complejidad de la cuestión no ha logrado ser abordada por el derecho internacional[189], en tanto que, para otros, la solución se encuentra en el establecimiento de estándares de comercio internacional, aplicables de manera transnacional.

En esta sección abordaremos las principales dificultades prácticas a las que tendría que enfrentarse todo consumidor al momento de querer hacer ejecutable un acuerdo logrado a través de las plataformas ODR extranjeras. Se trata de una cuestión que merece ser comprendida, en particular por países en los que las plataformas ODR han tenido un sólido cuerpo legislativo que apoya su funcionamiento, como los que hacen parte del territorio de la Unión Europea, pero que, sin embargo, no han podido consolidarse como métodos alternativos de solución de conflictos.

Si se trata de una cuestión urgente, como se presenta, es porque las formas de comercialización en el mundo han cambiado drásticamente desde el advenimiento del comercio electrónico y la internet. Sin embargo, la manera como se comercializan los bienes y servicios ha cambiado aún más en los últimos cinco años con el desarrollo de tecnologías emergentes como la Inteligencia Artificial (IA) y las cadenas de bloques o *blockchain*, que, estas últimas en particular, no reconocen ser regidas por sistemas jurídicos estatales, sino por la norma derivada de su propia programación o el *code*[190].

Son, en principio, las tradicionales dificultades prácticas que los consumidores han tenido que enfrentar cuando utilizan las plataformas ODR durante los últimos veinte años se pueden sintetizar en dos, primero l falta de infraestructura y, segundo, la dificultad para logar la ejecución transfronteriza de acuerdos y decisiones derivadas de un procedimiento en línea. En relación con el primero, esta falta de infraestructura se traduce en la dificultad que implica el diseño e implementación de un sistema capaz de recibir y dar trámite a miles de reclamaciones al año, las cuales muy probablemente irán en aumento; lograr la interoperabilidad entre los diversos sistemas; la financiación; la confidencialidad del procedimiento; la importancia

---

189 *Ibídem.*

190 De Filippi, P., & Wright, A. (2018). Blockchain and the Law, The Rule of Code. Cambridge, MA; London, UK: Harvard University Press.

de mantener al mediador como tercero neutral, en particular, cuando la gran mayoría de las plataformas están diseñadas por los mismos proveedores o la las plataformas que sirven como intermediarias[191].

En relación con la segunda, la imposibilidad de garantizar el cumplimiento y la ejecución de acuerdos, las razones descansan en las dificultades para ejercer la representación durante el proceso, de permitir la reconvención o contrademanda por parte de las empresas a consumidores; hacer claras las etapas del procedimiento; mantener la seguridad de las comunicaciones electrónicas durante el proceso; superar las diferencias culturales lingüísticas; la asunción del costo del procedimiento por el proveedor o el intermediario; y la brecha digital. Todo lo cual implica que subsiste una seria sospecha sobre si la plataforma garantizó o no el debido proceso durante el procedimiento.

En consecuencia, para lograr que las plataformas de ODR se consoliden en generar confianza en el comercio electrónico, en particular en los modelos B2C en el sector privado; se ha recomendado la unificación o estandarización de reglas creadas por diversos organismos internacionales o multilaterales. Los más importantes de ellos fueron abordados por un reciente artículo de investigación de nuestra autoría[192], es por ello que en esta monografía nos concentraremos en el instrumento más importante de todos los logrados hasta la fecha, como es el de la Unión Europea o la CNUDMI[193]. La importancia de detenernos a analizar este instrumento más detalladamente, es que pese a los serios esfuerzos para consolidar un estándar regulatorio para los ODE, todavía no se ha podido resolver los problemas de ejecución coactiva del arreglo logrado a través de dichas plataformas[194].

---

191 Nava González, W. (2020).Op. cit.

192 Martínez-Cárdenas, Betty; Buendía, Paloma & Ojeda, Nicolás (2023). Sistematización teórica, dogmática y normativa de la noción de acceso a la justicia para consumidores en relación con el uso los Online Dispute Resolution en el comercio electrónico. Vniversitas Jurídica, 72.

193 Nava González, W. (2020).Op. cit.

194 CNUDMI, "Informe del Grupo de Trabajo III (Solución de Controversias en Línea) sobre la labor realizada en su 33 período de sesiones, Nueva York, 29 de febrero a 4 de marzo de 2016", A/CN.9/868, 2016, 6.); resumen del CNUDMI, "No-

En efecto, las rigurosas deliberaciones de la Comisión de Derecho Mercantil Internacional de las Naciones Unidas para crear un marco regulatorio global para la resolución de disputas en línea no han logrado generar un consenso. Sin embargo, la ambición de la CNUDMI de desarrollar una plataforma reguladora ODR inclusiva no consideró las complejidades de traspasar las fronteras culturales y los (des)equilibrios de poder. Las razones por las cuales el Grupo de Trabajo no llegó pudo llegar a un consenso en la creación de una regulación ODR a pesar de su manifiesta visión de inclusión son todavía desconocidas, de allí que se apele por parte de algunos a la urgencia por la claridad en el uso de términos que inciden en la coherencia de la visión regulatoria, la necesidad de una nueva investigación sistemática de las conexiones que existen a nivel horizontal y vertical a través de acuerdos estatales y no estatales dentro del panorama de la ODR y la necesidad de redefinir la noción de consenso y en última instancia la legitimidad[195].

La CNUDMI ha sido seriamente cuestionada, en particular en relación por la naturaleza aterritorial de la tecnología que facilita la homogeneidad en la ODR. En efecto, las implicaciones de la globalización y la evolución de diversas culturas en la ODR necesitan un enfoque alternativo para combinar el pluralismo cosmopolita y legal en el desarrollo de una plataforma en la que confíen todas las partes en disputa. De allí que, para algunos, sea necesario considerar los puntos en común entre los niveles de gobernanza nacional, regional y mundial al regular la ODR. Así, la creación de un marco regulatorio ODR debe matizarse más finamente debido a su naturaleza como un híbrido normativo y legal[196].

La idea es avanzar hacia sistemas ODR unificados o estandarizados a nivel mundial, que también puedan considerar las situaciones individuales, la cultura jurídica y las leyes de los estados implicados. Por lo tanto, se ha propuesto recientemente que no se utilicen los

---

tas técnicas de la CNUDMI sobre la solución de controversias en línea", 2017

195 Sampani, C. (2021). Online Dispute Resolution in E-Commerce: Is Consensus in Regulation UNCITRAL's Utopian Idea or a Realistic Ambition? Information & Communications Technology Law, 30(3), 235-254.

196 Ibidem.

términos internacional, cosmopolita y global de manera intercambiable en la regulación, ya que son conceptualmente diferentes y persiguen metas que van más allá de las puramente legales. Así, la jurisprudencia alternativa se basará esencialmente en una mezcla de cosmopolitismo y pluralismo jurídico. El término cosmopolita se refiere a un contexto que acepta la existencia de múltiples comunidades - locales, internacionales, territoriales y epistémicas, en la formulación y administración de las normas. Esta visión pluralista del derecho es un aspecto clave a considerar, dadas las innumerables maneras en que los sistemas legales se solapan e interactúan entre sí, dialogando y generando oportunidades para la disputa, la resistencia y la adaptación creativa[197].

Es innegable que la ausencia de acuerdo en la creación de un marco normativo vinculante señala fuertemente que, a pesar de la intención de inclusión en la diversidad cultural, la variedad de experiencias históricas y niveles de desarrollo expresada en la retórica del Grupo de Trabajo de la CNUDMI, su reconocimiento no ha eliminado los desafíos que esta diversidad plantea para la creación de un conjunto uniforme de regulaciones globalizadas. Sin embargo, siguiendo la línea del profesor Sampani, esta diversidad no debería ser considerada como un impedimento, sino más bien como una fuente vital de información para cualquier programa que aspire a un desarrollo futuro[198].

En efecto, según Sampani, los obstáculos emergen en los esfuerzos de modernización e integración cuando se vuelve cada vez más claro que los patrones urbanos de progreso e incorporación no pueden ser aplicados de manera rígida, teniendo en cuenta que las técnicas tecnológicas y los estándares culturales de consumo convencionales, junto con la riqueza de una variedad de métodos para resolver conflictos, pueden constituir la base de formas alternativas de desarrollo regulatorio. Se percibe una fuerte presión estatal en los debates sobre las regulaciones o la desigualdad culturalmente impuesta en el acceso a la tecnología debido a la edad, ingresos u otros aspectos. Por lo tanto, es evidente que al adoptar un enfoque de abajo hacia arriba

---

197 Sampani, C. (2021), Op. Cit.
198 Ibídem.

con un grupo de consumidores como punto de partida, permite considerar que un cambio de táctica podría ser más efectivo[199].

Las proyecciones legislativas futuras en la Unión Europea, Estados Unidos y China indican que el progreso de la tecnología de la información está generando nuevos modelos de comercio empresarial y transformando la vida cotidiana de las personas. La Unión Europea planea implementar normativas completas en forma de directivas y regulaciones para todos sus Estados miembros. Por otro lado, Estados Unidos tiene una preferencia por una estrategia que se inclina hacia el mercado y un enfoque que promueva la autorregulación. China, por su parte, elige adoptar herramientas internacionales en áreas específicas, es decir, convenciones o leyes modelo, para mantenerse actualizada con el estándar internacional. De la misma manera, la ley de transacciones comerciales electrónicas presenta desafíos legales debido al auge de los dispositivos de comercio electrónico, y en términos generales, esta ley debería fomentar el comercio libre y justo entre y dentro de las naciones. Durante todo este proceso legislativo en desarrollo, se han encontrado problemas similares en los distintos contextos.[200] . Es por ello que se han llevado otro tipo de iniciativas de estandarización, por ejemplo, a través de los tratados de libre comercio, como lo abordaremos en la próxima sección.

2. EXPLICACIÓN DEL CONTEXTO HISTÓRICO EN EL QUE TALES ESTÁNDARES INTERNACIONALES COMENZARON A TENER LUGAR LA INFLUENCIA EN CHILE

La pregunta que se plantea en esta sección es la de comprender ¿por qué un grupo de países de América Latina ha innovado en el ámbito regulatorio en la estandarización de las reglas de comercio

---

199 Sampani, C. (2021). Online Dispute Resolution in E-Commerce: Is Consensus in Regulation UNCITRAL's Utopian Idea or a Realistic Ambition? Information & Communications Technology Law, 30(3), 235-254.

200 Wang, F. (2010). Internet Jurisdiction and Choice of Law: Legal Practices in the EU, US and China. Cambridge: Cambridge University Press. doi:10.1017/CBO9780511762826, págs.167

electrónico a través de tratados de libre comercio? ¿será posible que exista una influencia de países u organizaciones externas a los acuerdos, una reacción a intereses económicos especiales, o la posibilidad de estar en una posición de creador de leyes?

Diversos países de América Latina han firmado tratados de libre comercio preferenciales entre ellos y con terceros, en los cuales se incorporan cláusulas relativas al comercio electrónico y la circulación de datos. En relación con el Comercio Electrónico, se resaltan metas como eludir obstáculos innecesarios, impulsar y simplificar su aplicación y la imparcialidad tecnológica, entre otros aspectos; en lo que respecta a la aplicación de las normas de la OMC, se incorporan en ocasiones y en distintas condiciones. Las referencias a la no discriminación en el comercio digital en los tratados comerciales son limitadas, pero tienden a tener un carácter obligatorio. Una de las promesas más frecuentes es no gravar con tarifas los productos digitales (software, libros electrónicos, música, películas, etc.), aunque existen variaciones en la forma en que esto se redacta y en su mayoría se aplica a la transmisión electrónica (en lugar de la transmisión física). También se incluyen referencias a la autenticación electrónica y el reconocimiento digital de firmas y certificados, que suelen ser de carácter obligatorio, aunque también con variaciones en su redacción; y en relación con los códigos fuente, se hacen pocas referencias, pero en general son prohibiciones obligatorias sobre la transferencia del código fuente para la importación, distribución, venta o uso de software[201].

Colombia, Chile y Perú han innovado en la inclusión de comercio electrónico y flujos de datos en tratados de libre comercio. Esto se ha realizado de manera más o menos uniforme, con un grado significativo de armonización regulatoria en términos de metas y directrices, como el fomento del comercio electrónico y la eliminación de barreras innecesarias. También se han introducido nuevos preceptos, como la inclusión de la neutralidad tecnológica. A nivel nacional, no todos los países presentan la misma coherencia, con ciertas leyes nacionales quedando rezagadas frente a los acuerdos internacionales.

---

201 Polanco R., (2021) Regulatory Converge of Data Rules in Latin America in Burri M. (ed) Big data and Global Trade Law, Cambridge University Press

Esto podría generar posibles controversias, incluyendo discrepancias con lo pactado o promovido en el escenario[202].

Aunque no hay un cuerpo legal específico para las ventas online transfronterizas ni en la Región, ni a nivel global, el contrato de venta internacional está muy influenciada por el nuevo paradigma de las ventas digitales. En este nuevo modelo, el derecho contractual se enfoca más en proteger y facilitar los mercados que en proteger la autonomía individual de las partes. Así, se pasa de una perspectiva centrada en las partes a una centrada en el mercado. Este cambio se extiende también a las técnicas de regulación en el derecho internacional privado, la aplicación de la ley y las prácticas contractuales privadas.

El derecho de contratos de la UE se ha centrado más en los grupos de mercado que en las partes contractuales individuales, con un énfasis en la protección y facilitación de los mercados. Este cambio se relaciona con el objetivo de fortalecer el mercado único europeo y promover el consumo transfronterizo. La Directiva de Derechos de los Consumidores 2011 y la Directiva de Venta de Bienes 2019 son legislaciones clave en este ámbito. La primera aborda temas como los deberes de información y los derechos de desistimiento, mientras que la segunda, inicialmente limitada a las ventas a distancia, se expandió a todas las ventas a consumidores para evitar una fragmentación legal[203].

La Directiva de Venta de Bienes incorpora reglas similares a la Directiva sobre la Prestación de Contenidos Digitales, cambiando de una armonización mínima a una completa en el derecho de consumo de la UE. A pesar de las críticas, ya que no contempla intereses específicos de ciertos Estados miembros ni permite competencia regulatoria, se introducen "reglas de bonificación" para los consumidores. Estas incluyen el derecho de desistimiento de 14 días en contratos de venta a distancia, especialmente online, y el cambio de un año en la carga de la prueba en casos de defectos de calidad[204].

---

202 Ibidem

203 Maultzsch, F. (2022). Paradigms of EU Consumer Law in the Digital Age. *Matthias Kettemann/Alexander Peukert/Indra Spieker gen. Döhmann (eds), The Law of Global Digitality, Routledge*, págs. 150 y s.

204 Ibídem, págs. págs. 154-156

Lo anterior hace evidente el que ha surgido un ferviente debate sobre cómo lidiar con la realidad de que, a través de plataformas en línea, los consumidores ahora establecen contratos con empresas de menor tamaño e incluso con otros consumidores, en vez de hacerlo con grandes proveedores. Esto ha generado inquietudes sobre la eficacia de la Ley de Derechos del Consumidor de la UE, dado que las regulaciones actuales se centran principalmente en transacciones B2C y no abordan los contratos C2C. Para solucionar esto, se ha propuesto una modificación a la Directiva de Derechos del Consumidor que obliga a los operadores de plataformas a asegurar transparencia respecto a la identidad del socio contractual del consumidor en contratos realizados a través de la plataforma. También se ha sugerido que los operadores de plataformas deberían ser responsables de cualquier incumplimiento de los contratos, incluso si su rol es meramente intermediario. No obstante, esta sugerencia ha suscitado críticas debido a su impacto en los principios contractuales vigentes, como la relatividad de las relaciones contractuales. La responsabilidad del operador de la plataforma en contratos firmados a través de la misma debería ser decidida a través de una solución contractual libre, como, por ejemplo, a través de las plataformas ODR. Si la perspectiva de imponer responsabilidad a los operadores de plataformas prevalece, esto representaría una victoria del orden de mercado sobre el pensamiento contractual tradicional en el campo de los contratos de consumo digital[205].

En esencia, la digitalización está induciendo una transformación de los paradigmas en el derecho de contratos de consumo de la Unión Europea. Se está transitando de una perspectiva enraizada en las partes y en la defensa del consumidor a un enfoque orientado al mercado y a la promoción de los mercados en línea. Esto conlleva una reorientación de los factores de conexión hacia las acciones del mercado, una normalización de las relaciones contractuales y la puesta en marcha de normas que fomentan el consumo a través de la red. Desde el punto de vista procesal, se respaldan soluciones ágiles y homogeneizadas mediante procedimientos alternativos de resolución de conflictos y acciones colectivas. En el campo de las platafor-

205 Eiusdem, pág. 160.

mas intermediarias en línea, se aprecia una administración digital de las relaciones de consumo, lo que conduce a sugerencias de políticas que ponen en riesgo los principios contractuales establecidos para incrementar la responsabilidad de los gestores de las plataformas hacia los consumidores. Adicionalmente, este enfoque centrado en el mercado también está influyendo en la evolución del derecho de la UE que se aplica a los contratos de venta tradicionales fuera de la red, lo que ha provocado una mayor prevalencia de los paradigmas digitales en el derecho de consumo en general[206] .

A continuación, examinaremos cómo estos paradigmas digitales afectan la naturaleza misma del derecho de consumo cuando los estándares internacionales responden más a una lógica de derechos fundamentales.

3. ANÁLISIS CRÍTICO DE LA ADOPCIÓN DE LOS ESTÁNDARES INTERNACIONALES SOBRE LA NATURALEZA DEL DERECHO DE CONSUMO FRENTE A LOS DERECHOS FUNDAMENTALES

Los ODR son vitales y sólidos para impulsar la confianza en el comercio electrónico, particularmente en los modelos B2C, predominantes en el ámbito privado. Las pautas unificadas generadas por diversas entidades internacionales han servido como base para el desarrollo de ODR gubernamentales, como el de la Unión Europea; el objetivo común de los proveedores de ODR es fortalecer la confianza del consumidor, sin embargo, hasta ahora, los ODR no pueden garantizar el cumplimiento y la puesta en práctica de los acuerdos[207] .

La primera observación que podemos hacer de este estudio es que el comercio digital no aporta datos nuevos acerca del funcionamiento de las leyes tradicionales, como sucede con el derecho de contratos. En su lugar, introduce un nuevo grupo de regulaciones que supervisan los aspectos de las transacciones comerciales electró-

206 Maultzsch, F. (2022). Paradigms of EU Consumer Law in the Digital Age. *Matthias Kettemann/Alexander Peukert/Indra Spieker gen. Döhmann (eds), The Law of Global Digitality, Routledge.*

207 Nava González, W. (2020). Op. cit.

nicas que no necesitan un establecimiento físico. En este escenario, el objetivo principal será fomentar la confianza en el comercio digital y en las leyes que lo controlan en lo que respecta a las transacciones comerciales.

En segundo lugar, como lo hemos visto previamente, el comercio electrónico posee características distintivas. Aunque el concepto subyacente es igual al tradicional, la manera en que se llevan a cabo las transacciones electrónicas varía considerablemente. Desde una perspectiva legal, los dos elementos predominantes que pueden diferenciar las implicaciones legales son la determinación del momento y lugar de envío y recepción de las comunicaciones (correo electrónico). Para algunos, es entendible que pueda surgir confusión si existen dos grupos de normativas internacionales y leyes comerciales nacionales, una para operaciones fuera de línea y otra para operaciones en línea. Es común dudar de la practicidad de este enfoque, temiendo la creación de diferentes cuerpos legales, pero esto no debería ser un impedimento para modernizar las leyes existentes y adaptarse a las distintas tecnologías presentes en el comercio electrónico[208].

Por lo tanto, surge la interrogante de si la Declaración Universal de los Derechos Humanos puede realmente mejorar la salvaguarda de los consumidores o si simplemente sirve como una herramienta simbólica para realzar la reputación de los países sin provocar cambios significativos. ¿Qué repercusiones tendría en el mercado y en la protección de los consumidores una aplicación más rigurosa de los derechos fundamentales y cómo se conseguiría un equilibrio entre las libertades económicas y estos derechos esenciales?[209] . Además, se plantea la cuestión de si la salvaguarda del consumidor debería ser considerada como un asunto de derechos humanos y cuál sería el beneficio de esta aceptación a escala mundial para el consumidor, tal como ha ocurrido recientemente con el Acta de Inteligencia Artificial, que eleva los derechos del consumidor al mismo nivel que los derechos fundamentales.

---

208 Maultzsch, F. (2022). Paradigms of EU Consumer Law in the Digital Age. *Matthias Kettemann/Alexander Peukert/Indra Spieker gen. Döhmann (eds), The Law of Global Digitality, Routledge*

209 Benöhr, I., & Micklitz, H. W. (2018). Op. cit.

La importancia de los derechos del consumidor y la posibilidad que tienen, según algunos expertos, de ser considerados como derechos humanos, radica en que poseen las tres atribuciones fundamentales de los mismos. Estos incluyen la universalidad (el reconocimiento internacional de la salvaguarda del consumidor), el reconocimiento extenso y el incremento del bienestar personal, así como la defensa frente a administraciones poderosas. Estos derechos son para todos, dado que cada individuo es un consumidor. Se garantizan los derechos de los consumidores a un trato equitativo, productos seguros y acceso a la justicia para preservar la dignidad y el bienestar. Finalmente, protegen al consumidor de decisiones caprichosas por parte de los gobiernos[210].

En lo que respecta a la salvaguarda de los consumidores, se hace referencia a los artículos 6, 10, 11, 12, del Pacto Internacional de Derechos Económicos, Sociales y Culturales (PIDESC) de la ONU. Estos artículos contemplan el derecho a un juicio equitativo, la libertad de expresión para generar opiniones, y la recepción y difusión de información. Además, se respeta el derecho a la libertad de reunión y asociación, lo cual es indirectamente relevante para la protección del consumidor, ya que facilita la formación de grupos de consumidores para salvaguardar sus intereses. En relación con el derecho a la salud, tanto física como mental, se incluyen mejoras en la higiene ambiental e industrial y medidas de prevención de enfermedades frente a productos riesgosos, protegiendo de manera implícita a los consumidores.

En otras palabras, aunque los consumidores no están explícitamente mencionados en el Pacto, este podría usarse para promover su protección. A nivel internacional, la adopción unánime de las directrices del consumidor por la ONU indica que la protección del consumidor puede ser un derecho fundamental en el futuro. Sin embargo, en la Carta de la UE, los principios de protección del consumidor tienen un estatus inferior a los derechos civiles y políticos, lo que ha generado críticas. Por ello, algunos autores han propuesto usar las disposiciones de protección junto con otros derechos del Tratado de

---

210 Ibídem.

Lisboa[211]. En efecto, en Europa, el tratamiento que se ha dado desde el derecho constitucional al derecho de consumo podría simplificarse en tres modelos de protección: moderado, protector y liberal[212].

Por ello, la protección al consumidor se ha venido considerando como una nueva generación de derechos fundamentales y ha ganado mayor reconocimiento internacionalmente, especialmente en el sector financiero. El consumo sostenible también ha cobrado importancia, con la expectativa de que los consumidores contribuyan a un medio ambiente limpio. En Europa, la Carta de Derechos Fundamentales se ha convertido en un instrumento vinculante desde la entrada en vigor del Tratado de Lisboa, lo que mejora el papel de los derechos fundamentales y la protección del consumidor. Aunque su aplicación es limitada, marca el comienzo de un proceso para acercar los derechos humanos a los ciudadanos europeos. Este desarrollo en la Unión Europea podría influir en el reconocimiento de los derechos del consumidor a nivel internacional y nacional[213].

Los argumentos en Europa, donde el derecho del consumidor se promueve como proporcionar una dimensión social a la Comunidad Económica y como un medio a través del cual la Unión puede acercarse a sus ciudadanos. A nivel global, el derecho del consumidor de hecho es un medio de socializar el mercado. Para algunos, esto es una emanación del estado de bienestar; para otros, es la higienización y ocultación del poder capitalista; mientras que, para muchos, es un intento de hacer que los mercados (la forma dominante de organización económica en el mundo actual) funcionen en interés de la población en general. En él se arrojan luces acerca del sistema europeo que ha servido como modelo para países fuera de la UE. Este papel del derecho de la UE continuará a pesar de la salida del Reino Unido de la UE.

A nivel regional, dentro de la UE, estas tensiones surgen en áreas específicas. En conclusión, el objetivo de este libro no es promover una sola visión de la protección al consumidor ni abogar por una

---

211 Ibídem, pág. 34.

212 Ibídem, págs. 26, 27.

213 Benöhr, I., & Micklitz, H. W. (2018). Consumer protection and human rights. In Handbook of Research on International Consumer Law, Second Edition (págs. 16-34). Edward Elgar Publishing.

mayor armonización. Al exponer áreas de política a un análisis comparativo, busca revelar los modelos existentes y arrojar luz sobre los problemas fundamentales en juego, para que aquellos responsables de la política de consumidores puedan tomar decisiones informadas, con conocimiento de los modelos internacionales disponibles. Dicho esto, no se puede ignorar el impulso hacia normas armonizadas y es importante que la perspectiva e intereses de los consumidores estén en el centro de estos debates[214].

CONCLUSIONES DEL CAPÍTULO TERCERO

La sistematización de los instrumentos de Derecho Internacional subrayó la necesidad de proporcionar a los consumidores mecanismos estándar para resolver conflictos de forma voluntaria y eficaz, evitando los desafíos derivados de la falta de medios para enfrentar demandas que pueden resultar lentas, burocráticas y costosas. Sin embargo, debido a las diferencias en políticas y leyes de comercio electrónico entre países, se mantiene la preocupación de determinar qué tribunal y legislación serán aplicables en conflictos transnacionales, así como en la ejecución de sentencias en un país distinto al del juez.

Los instrumentos existentes, en particular el de del Grupo de Trabajo de la CNUDMI, buscan ofrecer soluciones a estos problemas, pero su efectividad depende en gran medida de la voluntad de las partes involucradas. Los resultados obtenidos indica que los ODR no deberían pretender reemplazar la jurisdicción ordinaria, sino complementarla, y por ello deben velar porque no impliquen una dilatación al derecho fundamental de acceso a la justicia.

En el próximo capítulos abordaremos las implicaciones de los ODR relativas a la garantía del debido proceso y la seguridad jurídica: específicamente para el caso chileno.

---

214 Howells, G., & Ramsay, I. (Eds.). (2018). Op. cit.

Capítulo 4

IMPLICACIONES DE LOS ODR RELATIVAS A LA GARANTÍA DEL DEBIDO PROCESO Y LA SEGURIDAD JURÍDICA: ESPECÍFICAMENTE PARA EL CASO CHILENO Y LOS OBJETIVOS DE DESARROLLO SOSTENIBLE

Estudio de la manera en que las prácticas de los ODR, con apoyo en el uso de la Inteligencia Artificial, han recepcionado el derecho fundamental al acceso a la justicia de los consumidores consideran la necesidad de garantizar el debido proceso y la seguridad jurídica.

La gran pregunta en esta sección es la de determinar si las ODR como mecanismo de solución de disputas mantiene la garantía constitucional del debido proceso y de eficiencia en la administración de justicia. Para ello, analizaremos primero la limitación y el periodo de prescripción de las acciones del consumidor frente a la mediación, luego, los efectos de los acuerdos ODR ante los jueces y finalmente reflexionaremos sobre la ejecutoriedad de estos acuerdos entre las partes.

1. LIMITACIÓN Y PERIODO DE PRESCRIPCIÓN DE LAS ACCIONES DEL CONSUMIDOR

En derecho comparado, la tendencia es la de no aceptar que siga corriendo el término de prescripción de las acciones cuando las partes están adelantando un proceso de mediación, así como la de rechazar todos los intentos de ejecución una vez que ha expirado el

período prescripción[215]. "Ultimately, the principle that the running of the limitation period for a claim that is under negotiation should be suspended is not specific to mediation, but a fundamental principle of good faith. Consequently, some legal systems anchor the rule of the suspension of limitation periods not by referring mediation, but in a broader way by referring to negotiation"[216], que es el caso de Alemania y Suiza.

En Chile, la suspensión del término de prescripción de las acciones del consumidor se previó originalmente únicamente para los reclamos presentados ante entidades financieras que gozaran del sello SERNAC[217], es decir, para las entidades financieras que gozaban de un estándar de calidad de acuerdo con los requisitos establecidos por la misma Ley. De igual forma, se admite la suspensión del término para cuando se inician procedimiento voluntario colectivo[218]. Sin embargo, cabe preguntarse si es posible extender esta suspensión a las hipótesis de mediación extrajudicial llevadas con consumidores y, en particular, con las iniciadas por éstos a través de las plataformas ODR.

En efecto, toda vez que el nuevo literal g del artículo 3 de la LPC, agregado por la conocida Ley Pro Consumidor en 2021, consagra como derecho de los consumidores el poder de someter a mediación, conciliación o arbitraje cualquier conflicto que surja con los proveedores[219], extendiendo el campo de la mediación a las relacio-

---

215 Hopt Klaus J. y Steffek Felix Chapter 1 Mediation: Comparaison of Laws, Regulatory Models, Fondamental Issues [Sección de libro] // Mediation, Principles and Regulation in Comparative Perspective / aut. libro Hopt Klaus J. y Steffek Felix. - Oxford: Oxford, 2013.

216 Ibidem. Pág. 34.

217 Inciso 2, artículo 26 de la LPC

218 Numeral 5 del Artículo 54H de la LPC

219 "g) Acudir siempre ante el tribunal competente conforme a las disposiciones establecidas en esta ley. El proveedor debe informar al consumidor de este derecho al celebrar el contrato y en el momento de surgir cualquier controversia, queja o reclamación. Toda estipulación en contrario constituye una infracción y se tendrá por no escrita. Sólo una vez surgido el conflicto, las partes podrán someterlo a mediación, conciliación o arbitraje. Los proveedores deben informar la naturaleza de cada uno de los mecanismos ofrecidos, los cuales serán gratuitos y sólo se iniciarán por voluntad expresa del consumidor, la que deberá constar por escrito. Un reglamento dictado por el Ministerio de Economía, Fomento y Turismo establecerá las normas que sean necesarias para la adecuada

nes de consumo en general, sería lógico pensar que la suspensión del término de prescripción de las acciones del consumidor también se suspendería en estos casos. Las razones de una tal interpretación se encuentran justamente en la aplicación del principio Pro Consumidor para este tipo de normas y el principio de buena fe que rige en materia de derecho internacional y comparado.

Sin embargo, los efectos de admitir este tipo de suspensiones, aún si existiera un texto legal expreso que la estableciera, son controversiales. En primer lugar, debido al carácter de orden público de las reglas de prescripción, difícilmente una norma chilena, y menos aún, una interpretación sobre una norma chilena, podría aplicarse fuera de las fronteras del país. En consecuencia, esta suspensión sólo podría regir para las mediaciones llevadas a cabo en el terreno nacional por contratos que se celebraron mediante la plataforma electrónica, pero que se ejecutaron también en terreno nacional.

En segundo lugar, la suspensión del término de prescripción de las acciones del consumidor sólo se aplicaría para aquél que hace parte del proceso de mediación, y para lo que nos interesa en esta monografía, la mediación online. En consecuencia, los terceros no podrían verse beneficiados con dicha suspensión. Por ello, el proveedor podría recibir, de manera paralela a la reclamación online y el subsecuente proceso de mediación a través de una ODR, demandas judiciales por parte de otros consumidores que hubieran sido afectados por hechos similares al que se tiene como objeto de la mediación extrajudicial online. Lo anterior podría llevar a cierta incertidumbre para el proveedor en relación con los tipos de reclamos que deberá atender por los mismos hechos.

En tercer lugar, podrían surgir dudas sobre la extensión que debería tener este término de suspensión. En efecto, ¿la suspensión debería regir por un término definido o por el término que dure el proceso de mediación? ¿Debería extenderse hasta que el acuerdo se haya efectivamente ejecutado? En Derecho Comparado la tendencia

---

aplicación de los mecanismos a que se refiere este párrafo. Los proveedores financieros y no financieros podrán adscribir y ofrecer libremente el Sistema de Solución de Controversias dispuesto en los artículos 56 A y siguientes, lo que deberá ser informado previamente al consumidor. Este Sistema podrá llevarse a cabo por medios electrónicos

es que dicha suspensión se mantenga por el tiempo en que el proceso de mediación se encuentre vigente y sólo Italia optó por establecer un periodo concreto de cuatro meses[220]. Sin embargo, Francia introdujo una ventana adicional de seis meses luego de haber finalizado la mediación, con el fin de permitir a las partes que participaron en un proceso infructuoso de mediación darles el espacio para determinar qué otras acciones podrían ejercer contra la contraparte[221].

1.1 Efectos del acuerdo de ODR ante los jueces y los procesos de Arbitraje

Desde la perspectiva del derecho comparado, la posibilidad de llegar a un acuerdo con el proveedor a través de una mediación extrajudicial no presenta un obstáculo para comenzar contra él una acción judicial, ya que es una consecuencia deseada del derecho fundamental de acceso a la justicia[222].

2. EJECUTORIEDAD (ENFORCEMENT) DEL ACUERDO LOGRADO A TRAVÉS DE ODR

Los efectos vinculantes de la mediación dependen enteramente de la voluntad de las partes. Ahora bien, en la mediación tradicional análoga, la dependencia de la ejecutoriedad del acuerdo a la intención de una de las partes ha sido la causa de la ineficacia de este método alternativo de solución en conflictos. Sin embargo, con el

---

220 Hopt Klaus J. y Steffek Felix Chapter 1 Mediation: Comparaison of Laws, Regulatory Models, Fondamental Issues [Sección de libro] // Mediation, Principles and Regulation in Comparative Perspective / aut. libro Hopt Klaus J. y Steffek Felix. - Oxford: Oxford, 2013, pág. 35.

221 Ibidem, pág. 36.

222 "(1) it must provide a method of informing the persons regulated concerning proposed courses of conduct and whether they violate the statute. (2) It must provide a method of stopping violations once they occur, and assuring that they will not reoccur. If possible, it should also provide a method of restraining violations before they occur. (3) It should provide a method of deterring violations before they occur by penalizing violators. (4) It must provide a method of redressing the effects of violations, and of compensating the aggrieved party": Hopt Klaus J. y Steffek Felix Chapter (2013), pág. 37.

arribo de la Inteligencia Artificial el paisaje de la ejecutoriedad de los acuerdos ha venido cambiando, al punto de lograr que un algoritmo se adelante a la toma de decisión voluntaria por la parte.

Nos referimos específicamente a los mecanismos predictivos de justicia. En efecto, como ha descubierto en los últimos años, "existen muchas experiencias de ODR... destinadas a la creación de una nueva relación juez-partes y a la maximización del objetivo de adelantar conciliaciones, en las que la composición de los intereses se realiza por medio de algoritmos creados para la asignación de bienes más que de derechos"[223] .

En consecuencia, los ODR, que operan sobre la base de un sistema respaldado por Inteligencia Artificial[224], disponen de un sistema de diagnóstico, proporcionan datos del cliente, asistencia técnica, ordenación y guía del cliente hacia otros procedimientos ODR subsiguientes. Además, la eficacia del sistema se incrementa a medida que interactúa con los humanos, lo que le permite desarrollar "emociones", facilitando así su uso y accesibilidad para todos, sin necesidad de la intervención judicial. En otras palabras, la IA ha contribuido en la automatización de las "concesiones" y, a través de modelos de negociación, ha permitido la concreción de los acuerdos[225].

Ahora bien, al preguntarse sobre la aplicabilidad de las normas de un estatuto, el profesor John Spagnole Jr, durante un simposio de Protección a los Consumidores llevado a cabo en 1972 en Nueva York explicó las cuatro preguntas fundamentales que deben formularse sobre un estatuto o regla de derecho, a saber, la primera, consistente en la persona que está legitimada para actuar, lo cual implica que en

---

223 Battelli, E. (2021). "La decisión robótica: algoritmos, interpretación y justicia predictiva". Revista de Derecho Privado, (0123-4366), 40, pág. 50.

224 SCHOOP, M. J. "Negoisst: a negotiation support system for electronic business-to-business negotiations in e-commerce". Data Knowl. Eng., 47, 2003, 371-401.

225 MARTÍNEZ-CÁRDENAS BETTY (2023) La mediación extrajudicial online, ¿conviene que sea un contrato de transacción? [Sección de libro] // Derecho y Economía: Debates Contemporáneos Volúmen II / aut. libro Méndez Reátegui Rubén. - Valencia, España: TIrant lo blanch. - Vol. I., pág. 108. Véase también: MARTÍNEZ-CÁRDENAS, B. (2022). Online dispute resolution y la renovación del concepto del derecho de acceso a la justicia para los consumidores. In A. MADRID PARRA, & L. ALVARADO HERRERA, Derecho Digital y Nuevas Tecnologías. Thomson Reuters.Pp- 1203-1224.

el estatuto a aplicar: "(1) debe proporcionar un método para informar a las personas reguladas sobre los cursos de conducta propuestos y si violan el estatuto. (2) Debe proporcionar un método para detener las violaciones una vez que ocurren y garantizar que no volverán a ocurrir. Si es posible, también debería proporcionar un método para frenar las violaciones antes de que ocurran. (3) Debería proporcionar un método para disuadir las violaciones antes de que ocurran sancionando a los infractores. (4) Debe proporcionar un método para reparar los efectos de las violaciones y para compensar a la parte agraviada"[226]. La segunda pregunta se orienta a determinar cuáles de las previsiones del estatuto son necesarias para acompañar cada una de las anteriores funciones[227].

En relación con las reclamaciones hechas a través de ODR el escrito de "demanda" presentado y los documentos adjuntos al mismo, justamente debido a que el sistema intenta evitar la intervención de abogados, no cumple con los requisitos que los códigos procesales prevés para un escrito de esta naturaleza. Sin embargo, si el sistema está programado para enviar un aviso de corrección del escrito de reclamación a su debido tiempo y el tiempo de recepción del escrito de demanda se recalculará a partir de al día siguiente del día, tal como ocurre en China con los sitios que operan bajo el nombre de dominio Uz[228]. Adicionalmente, estas plataformas, utilizadas por los tribunales de Internet de Beijing, Guangzhou y Huangzhou establecidos en la República Popular China son aptas para verificar la identidad de las partes a través de sistemas de identificación biométrica[229]

Esta es la razón por la que en China se ha propuesto incorporar a la legislación de procedimiento civil en China las normas del proceso de presentación de demandas: el tribunal en línea admitirá la demanda y los documentos correspondientes presentados por el

---

226 Spagnole, Jr. John A. The U3C-IT may look pretty, but is it enforceable? [Conferencia] // Consumer Protection, A symposium. - New York: Da Capo Press, 1972. - pág.33.

227 *Ibidem.*

228 Khurana, D., & Mohanty, A. (2021). Development of Online Dispute Resolution and Its Implications on the Indian Legislative System. Supremo Amicus, 25, 200-205

229 Ibídem.

demandante virtual, y dentro de un plazo de 10 días después de recibir la demanda, el tribunal en línea realizará los siguientes pasos: aquellos que se ajusten a los criterios de la ley procesal registrarán las demandas y enviarán una confirmación de recibo del documento de demanda. Si el demandante no enmienda la demanda conforme a los criterios de la ley procesal dentro del período establecido, el tribunal dictaminará la devolución de la demanda. En el sistema de justicia en línea, las demandas se finalizan en una plataforma digital. Por lo tanto, se disminuye la cantidad de fallos judiciales relacionados con la devolución de demandas. La inclusión de las mencionadas sugerencias en la legislación de procedimiento civil facilitaría la operación continua de los tribunales civiles durante una pandemia y la salvaguarda de los derechos e intereses de nuestros ciudadanos[230], todo lo cual acerca mucho más las plataformas ODR a la garantía de las reglas del debido proceso y a la noción tradicional del derecho de acceso a la justicia.

Resta preguntarnos si estos mecanismos tecnológicos que parece facilitar la ejecutoriedad del acuerdo tendrían, además, alguna garantía de imparcialidad.

2.1 Costos del uso de la plataforma

La mayoría de las mediaciones en línea comienzan por correo electrónico de forma asincrónica, aunque también ofrecen modalidades sincrónicas (videoconferencias) y arbitraje electrónico (videoconferencias). No cabe duda que estas plataformas son efectivas en cuanto a costo, ya que implican menos gastos de viaje y legales; ofrecen una resolución más rápida, adecuada y fiable (dado que es flexible y se ajusta a la situación, además de ser neutral); y son cómodas en términos de acceso a la justicia. No obstante, la ciberseguridad podría ser una preocupación, siendo tarea de las plataformas asegurarla a través de la encriptación, el manejo de datos sensibles y el cumplimiento de normas y directrices internacionales, entre otras cosas[231]. Según una encuesta de PC Magazine el 71% de los encues-

---

230 Eiusdem.

231 Khurana, D., & Mohanty, A. (2021). Development of Online Dispute Resolution and Its Implications on the Indian Legislative System. Supremo Amicus, 25,

tados compartían sus contraseñas con familiares y amigos[232]. Esto denota un importante problema de ciberseguridad.

En naciones como la India, la ausencia de conocimientos acerca de cómo utilizar las plataformas ha provocado una desconfianza y falta de fe en los sistemas de Resolución de Disputas en Línea (ODR), principalmente debido a preocupaciones sobre la confidencialidad y privacidad. También existe poca claridad acerca de la legalidad y la obligatoriedad del resultado, basado en precedentes en India, la insuficiente infraestructura digital y la cultura y educación digital. Para India, que sufre un notable retraso en la administración de justicia, se recomienda el desarrollo de mecanismos de ODR vinculados a procesos judiciales. Sin embargo, para lograr esto se han hecho campañas de promoción sobre el valor de las plataformas, impulsado la mejora de la infraestructura y educación digital, así como su accesibilidad, y se ha puesto en marcha programas piloto de ODR para resolver disputas en áreas como el comercio, la familia y el empleo, entre otras[233].

No obstante, los costos de la plataforma siguen estando a cargo de los proveedores, sea de los bienes o servicios, o sea de los del mismo servicio ODR. Por esta razón, es probable que las dudas sobre la imparcialidad de las plataformas continúen entre la población.

2.2 Resultados de la mediación lograda a través de la ODR

La mediación, como consecuencia de la transacción, no es sólo una alternativa de solución de conflictos, sino también una forma alternativa de crear derecho (derecho positivo): "solucionar un conflicto sin que haya lugar a un recurso ante una instancia exterior y superior puede analizarse como el signo de responsabilización de las partes, lo cual significa que no porque el conflicto se deje a las partes,

---

200-205.

232 Thomas, R. (2021). Password Sharing and Online Dispute Resolution Systems. Business, Entrepreneurship & Tax Law Review, 5(2), 147-160.

233 Khurana, D., & Mohanty, A. (2021). Development of Online Dispute Resolution and Its Implications on the Indian Legislative System. Supremo Amicus, 25, 200-205.

es que va a ser resuelto de una forma satisfactoria"[234]. Lo que, es más, puesta en manos de los proveedores, se había visto que podría ser "el peor de los contratos de adhesión"[235].

En efecto, la transacción podría ser un arma de dominación en las relaciones contractuales y los ejemplos son numerosos y tan importantes que, en Francia, la Ley del 5 de julio de 1985 que establecía un procedimiento para la solución alternativa de los conflictos surgidos con ocasión de los accidentes de tránsito introdujo varias disposiciones para proteger a las víctimas de acuerdos transaccionales cuyas condiciones fueran impuestos por las compañías de seguros[236], una tendencia que se mantiene en los artículos 10 y siguientes de la Ley 18.490 del 2 de enero de 1986 en Chile y la creación del seguro obligatorio para automotores.

2.3 Cuando la mediación fue exitosa: efecto vinculante

La interrogante que abordamos en este apartado es si, despojadas de su índole transaccional, ¿las resoluciones a las que arribe la Inteligencia Artificial mediante las plataformas de ODR podrían poseer el carácter vinculante y los efectos de *res judicata* que se asignan al contrato de transacción convencional y a la mediación en el Reglamento de los MASC? En efecto, si nos acogemos al artículo 10 del reciente decreto N° 84 del Ministerio de Economía, Fomento y Turismo, el pacto que se alcance como resultado de una mediación será "jurídicamente vinculante para las partes", y, agrega el artículo, "En caso de incumplimiento del acuerdo, el consumidor podrá exigir su cumplimiento forzado de conformidad con las reglas generales".

El acuerdo fuera de tribunales tiene dos efectos obligatorios, permitiendo dos tipos de excepciones: *la exceptio rei per transactionem finitae* y la excepción de cosa juzgada. La primera, derivada del efecto vinculante del contrato (art. 1545 C.Civ.Ch), permite defender el contrato en juicio si se puede demostrar con un documento privado. La segunda, que garantiza la seguridad jurídica (art. 2460 del C.Civ.

---

234 Poulet Laurent (2005)Transaction et protection des parties, These [Libro]. - Paris: L.G.D.J. - Préface Yves Lequette, pág. 9.

235 Ibidem, pág. 10.

236 Ibídem, pág. 11.

Ch.), permite la excepción de cosa juzgada si se intenta reabrir el litigio concluido con el contrato. Estas dos excepciones suelen ser suficientes para el reconocimiento judicial de la transacción. Sin embargo, cuando surgen nuevas obligaciones entre las partes, se le puede reconocer al contrato la posibilidad de actuar como título ejecutivo en caso de incumplimiento. Por lo tanto, el artículo 10 del Decreto N° 84 estaría en concordancia con este efecto de la transacción, permitiendo considerar las mediaciones extrajudiciales como tales[237].

2.4 Cuando la mediación fue exitosa: el acuerdo obtiene la autoridad de cosa juzgada

En efecto, este es el principal efecto de un acuerdo de mediación exitoso. La autoridad de cosa juzgada que se le confiere es un privilegio reservado a los actos jurídicos, y en particular, a este tipo de contrato, ha sido objeto de gran controversia, en razón a que no es un acto jurisdiccional del cual deba presumirse que es verdadero[238]. Diversas teorías se han propuesto para explicar esta rara característica del acuerdo exitoso, que van desde un defecto de redacción del artículo 2052 del Código Civil francés de 1804 hasta entender que dicho efecto de cosa juzgada del acuerdo es relativo, debido a que como conserva su naturaleza contractual, la transacción puede en cualquier caso ser objeto de una acción de nulidad[239]. Sin embargo, para otros es clara la necesidad de que el acuerdo haga tránsito a cosa juzgada entre las partes, debido a que obedece "a un imperativo de seguridad jurídica: evita volver de nuevo al proceso"[240], todo lo cual se explica con la tesis funcional de la cosa juzgada.

No obstante, los acuerdos o soluciones de conflictos obtenidos a través de plataformas ODR, especialmente de segunda generación, podrían no tener el mismo valor ante un juez, según la tendencia

237 Martínez-Cárdenas, B. (2023). La mediación extrajudicial online, ¿conviene que sea un contrato de transacción? En R. Méndez Reátegui, *Derecho y Economía: Debates Contemporáneos Volumen II* (Vol. I, págs. 101-116). Valencia, España: Tirant lo Blanch.

238 Poulet Laurent (2005), Op. cit. pág. 27.

239 Ibidem, pág. 27

240 Ibidem, pág. 28.

actual de los expertos en estas plataformas. Esto se debe a varias razones, incluyendo el carácter transnacional de la disputa, que a veces hace inviable demandar ante la jurisdicción nacional un acuerdo logrado con una parte extranjera, o demandar a esta última en su domicilio. La necesidad de resolver conflictos de manera inmediata, especialmente en comercio internacional, y la capacidad de estas plataformas para ejecutar acuerdos de forma extrajudicial son también elementos clave para ser considerados[241].

Para finalizar, en el caso específico de Chile, la interrogante en torno a la fuerza obligatoria de los pactos alcanzados mediante la mediación extrajudicial debe responderse en base al grado de similitud que tenga dicho pacto con el contrato de transacción. Efectivamente, a pesar de que el artículo 10 del Decreto N° 84 no distingue entre estas clases de pactos, es decir, en el contexto de este análisis, si se logran o no a través de plataformas en línea como los ODR, estos últimos ofrecen supuestos de resoluciones de conflictos extrajudiciales que varían considerablemente de lo buscado tanto por el legislador en el Código Civil, como por el Ministerio en el Reglamento de los MASC. De este modo, en este estudio hemos abordado la cuestión de cuánto se parecen los pactos obtenidos a través de la mediación extrajudicial regulada por este Decreto, aplicables en principio a las plataformas ODR, con el contrato de transacción del Código Civil, y hemos evidenciado que los pactos obtenidos a través de ODR que se asemejen a las transacciones, son verdaderamente tales y por lo tanto son válidos y obligatorios. Para aquellos que no lo son, la tecnología ha desplegado un universo alterno que será interesante seguir explorando en futuros estudios[242].

2.5 Cuando la mediación no fue exitosa

Para este análisis, dejaremos al margen los acuerdos frustrados con proveedores extranjeros, así como en los casos en que no ninguna de las partes se haya dejado un depósito en garantía al momento

---

241 Martínez-Cárdenas, B. (2023). La mediación extrajudicial online, ¿conviene que sea un contrato de transacción? En R. Méndez Reátegui, Derecho y Economía: Debates Contemporáneos Volúmen II (Vol. I, págs. 101-116). Valencia, España: Tirant lo Blanch.

242 Ibídem.

de comenzar el proceso o en los que todavía no haya predicción por parte de la IA. Aclarado este punto, pasemos entonces a recordar que el Derecho de consumo es de orden público y, por tanto, ha sido relativamente inmune a la clase de análisis realista respecto al efecto de estas plataformas en la interacción B2C o entre plataformas digitales y consumidores.

En efecto, considerando que es improbable que la doctrina niegue la desigualdad entre los dos extremos de la relación de consumo[243] —que es, entre otras razones, lo que ha motivado la instauración de una serie completa de leyes de protección al consumidor—, la propuesta de este modelo de resolución de conflictos en línea como opción para ellos podría ser, al menos, irrelevante. En efecto, comprendamos primero que, para utilizar el sistema de mediación fuera de los tribunales proporcionado por plataformas ODR, el consumidor debe abandonar la ventajosa posición de desigualdad —que caracteriza la relación de consumo— y contratar el servicio en igualdad de condiciones.

Adicionalmente, dado que el acceso a estas plataformas en algunos casos no es gratuito y que, dependiendo del tipo de queja que desee tramitar, la plataforma exigirá un depósito monetario como garantía para que, si resulta condenado, la decisión pueda ser ejecutada de inmediato, el consumidor puede verse enfrentado a una dilación en la resolución de su conflicto. Todo lo cual nos lleva a concluir en la imperiosa necesidad de mejorar los sistemas tradicionales de justicia que serán, a la postre, la única manera de garantizar la seguridad jurídica en las relaciones comerciales.

2.6 *Confidencialidad*

Desde hace mucho tiempo se ha establecido la necesidad de que los MASC sean utilizados de manera confidencial. Abordados desde

243 PICOD, Y., & DAVO, H. Droit de la consommation. Paris: Dalloz, 2010; PIEDELIEVRE, S. Droit de la consommation. Paris: Economica, 2008; RAYMOND, G. Droit de la consommation. Paris: LexisNexis S.A, 2011; ISLER SOTO, E. Derecho del Consumo, nociones fundamentales. Valencia: Tirant lo Blanch 2019; BARRIENTOS CAMUS, F. Lecciones de Derecho del Consumidor. Santiago: Thomson Reuters, 2015

una perspectiva puramente procesal, muchos han olvidado la naturaleza jurídica de estos métodos alternos y, muy en el fondo, han dejado al viejo contrato de transacción del código civil oculto. Sin embargo, al menos en lo que respecta a la mediación, judicial o extrajudicial, se trata claramente de un contrato de transacción.

La necesidad de guardar la confidencialidad de lo que ocurre durante un proceso de mediación deriva justamente de esta característica del contrato de transacción de "evitar la publicidad inherente a la reglamentación jurisdiccional del conflicto de las partes"[244]. En algunos países en que los MASC se han consolidado como una etapa forzosa antes de iniciar un litigo judicial o como primera etapa de estos, tal confidencialidad es tan estricta que el juez ante quien se realiza dicha conciliación, no puede basarse en ninguno de los hechos revelados durante el proceso de negociación por las partes para que, después de una conciliación fallida, tome una decisión sobre el caso. Pero la confidencialidad también ofrece ventajas importantes a las partes, en particular, a los proveedores en las relaciones de consumo.

En efecto, la solución amigable de conflictos puede contribuir a mantener la reputación de aquel contra quien se hace la reclamación, lo cual ha sido fundamental, por ejemplo, para los médicos frente a casos de responsabilidad médica, o frente a empresas que han introducido productos defectuosos en el mercado. El profesor Poulet, para ilustrar este punto, nos recuerda un muy famoso caso de Mitsubishi que tuvo lugar entre los años 1998 y 2000 relativo al recurso sistemático de la fábrica a los MASC con el fin de solucionar los conflictos surgidos con 65000 clientes y evitar así que los consumidores fueran advertidos de los defectos de los productos, sin que tales productor fueran efectivamente retirados del mercado, ni se iniciara contra la compañía ningún proceso administrativo destinado a penalizarla por infracción a las normas del estatuto de protección al consumidor[245].

Es decir, ya para principios del siglo XXI se ha venido advirtiendo sobre cómo la confidencialidad afecta la función preventiva de la transacción, y lo más grave aún, sobre cómo se desprotege directa-

---

244 Poulet Laurent (2005), Op. cit. pág. 8.

245 Ibidem, pág 8.

mente el interés colectivo de los consumidores[246]. Los jueces también desconfían de la capacidad de la transacción para garantizar la libertad de las partes, y en particular porque ella podría aumentar la asimetría del contrato frente al consumidor. La confidencialidad presenta un serio obstáculo para determinar si a través del acuerdo transaccional se desconocieron derechos del consumidor que, como tales, gozan el carácter de orden público.

Contrastes entre la solución de controversias convencional y la solución de conflictos en línea tales como que no se requiere la realización de negociaciones presenciales con los involucrados, que el proceso de negociación se registre automáticamente y se guarde información acerca de todos los conflictos; que la IA pueda predecir el resultado del acuerdo, si bien contribuyen a que los involucrados resuelvan conflictos anticipadamente, liberando así al tribunal de encargarse de asuntos complicados como la presentación de un reclamo, la intervención, también genera dudas importantes sobre la custodia y el uso futuro, por parte de la IA generativa, de dichos datos.

En efecto, los sistemas ODR pueden simplificar el litigio y diversificar las maneras de intervenir, o reducirlas a un número limitado de hipótesis según los cálculos realizados por la IA. Algunos recomiendan que los tribunales civiles hagan uso de plataformas al alcance de todos cuando los procedimientos se realicen por videoconferencia. Esto evitaría que los ciudadanos tuvieran que gastar dinero y tiempo en asistir a los tribunales para participar en juicios a través de videoconferencia[247], sin embargo, no previenen a los usuarios sobre las consecuencias de que sus imágenes queden registradas de tal forma que en el futuro la IA pueda emplearlas para otros propósitos distintos de los buscados con el proceso.

El jurista Ralph Gants planteó cuatro principios para que los jueces pudieran mantener la imparcialidad en sus decisiones, los cuales son recomendados por HONGJU KOH[248] con el fin de garantizar la

---

246 Idídem, pág. 9.

247 Pirmatov, O. (2022). Online Dispute Resolution - Fantasy or Reality? Janus. Net: E-Journal of International Relations, 13(1), 240-245. https://doi-org.ez.urosario.edu.co/10.26619/1647-7251.13.1.03

248 Hongju Koh, H. (2021). The "Gants Principles" for Online Dispute Resolution: Realizing the Chief Justice's Vision for Courts in the Cloud. Boston College Law

imparcialidad y legalidad del procedimiento para lograr un acuerdo a través de las plataformas ODR. Estos principios son: (1) tratar a los litigantes de forma equitativa, lo cual implica tener en cuenta las adversidades y dificultades que las personas vulnerables experimentan, incluyendo aspectos como el acceso a la tecnología y las asimetrías de información. Se rechaza la idea de desarrollar un sistema que diferencie entre conflictos 'sencillos' (problemas legales cotidianos) y 'complejos', que en última instancia resulta en que las disputas de las personas con menos recursos se consideran 'sencillas' y las de los más ricos 'complejas', independientemente de que todas impliquen desafíos; (2) garantizar accesibilidad, esto significa tener en cuenta el idioma, haciendo uso de traducciones si es necesario, y no descartar las comunicaciones orales, ya que esto podría poner en desventaja a aquellos que no dominan bien el inglés escrito o leído. Un factor adicional es hacer que el proceso sea compatible con smartphones (dado que no todos poseen computadoras) y proporcionar espacios públicos para llevar a cabo audiencias digitales, de la misma forma en que un tribunal proporciona un lugar físico para que todos expongan sus argumentos; (3) proteger al vulnerable; que se origina de la observancia de los dos primeros principios; y, finalmente, (4) preservar la dignidad por medio de la participación, que se relaciona con el hecho de que las personas se sientan oídas y que sus argumentos sean tomados en cuenta. Es de vital importancia para la administración de la justicia que los procedimientos online se centren en la protección de ciertos valores; no solo la eficiencia y el ahorro, sino que también se tenga en cuenta a las personas que forman parte del proceso, tratándolas de manera justa, asegurando el acceso, protegiendo a los más vulnerables y salvaguardando su dignidad a través de la participación[249].

Lo anterior implica, igualmente, prevenir a los usuarios sobre los efectos del uso de la IA generativa durante el curso del proceso, ya que muy pronto los únicos conflictos que serán solucionados serán aquellos que obedecieron a las intenciones e instrucciones formuladas por programadores que, en la gran mayoría de los casos, trabajan

Review, 62(8), 2768-2794.

249 Ibídem.

de manera independiente, si no indifcrente, a la voluntad suprema del pueblo de cada Estado.

3. LOS ODR Y LOS OBJETIVOS DE DESARROLLO SOSTENIBLE

En el ámbito transfronterizo, los ODR fuera de los tribunales parecen beneficiar a todos los participantes del mercado, con el objetivo de promover un comercio más seguro para ellos. La normalización del uso de MASC en el comercio digital ha sido una tendencia continua desde 1999. En este sentido, encontramos las iniciativas de la Comisión de las Naciones Unidas para el Derecho Mercantil Internacional (CNUDMI), que desarrolló la Ley Uniforme de Transacciones Electrónicas de los Estados Unidos, sugerida por la Conferencia Nacional de Comisionados para el Derecho Uniforme Estatal, así como las directrices para la incorporación a la legislación interna de la conciliación internacional (Guía para la incorporación al derecho interno y utilización de la Ley Modelo de la CNUDMI sobre Conciliación Comercial Internacional), y presentar informes sobre los ODR (Informe del Grupo de Trabajo III (Resolución de Disputas en Línea) derivados de la mediación (Convención de las Naciones Unidas sobre los Acuerdos de Transacción Internacionales derivados de la Mediación, como lo vimos en el capítulo anterior.

La Organización para la Cooperación y el Desarrollo Económicos (OCDE) ha recomendado los MASC y ODR en sus lineamientos para la protección al consumidor en el comercio electrónico. Estas recomendaciones han tenido un impacto significativo en las políticas internas de los países miembros, creando un nuevo marco normativo multidisciplinario. En lugar de recurrir al derecho comparado, los legisladores contemporáneos prefieren revisar los avances en foros internacionales, como el Foro Internacional sobre Protección al Consumidor y la Conferencia de las Naciones Unidas sobre Comercio y Desarrollo. Estas políticas son agrupadas en la agenda internacional de los Objetivos de Desarrollo Sostenible (ODS).

La la relación entre los ODR y ODS fue previamente analizada por otro artículo nuestro[250]. En esta sección introduciremos en el análisis los aspectos relativos a la garantía del debido proceso y la ejecutoriedad transnacional del acuerdo logrado a través de la plataforma en Chile. Así, la reciente Ley Pro Consumidor en Chile ha fortalecido la mediación, especialmente la mediación online. Como lo hemos visto previamente, esta Ley permite el uso de la mediación y el arbitraje online con los consumidores, con el propósito de fomentar el diálogo entre los consumidores y los proveedores mediante el uso de plataformas digitales. De hecho, el país ya había hecho progresos con una plataforma patrocinada por la Cámara de Comercio de Santiago, conocida como Resolución en Línea.

En términos de mediación extrajudicial, esta plataforma ofrece beneficios tales como la aplicación de un conjunto de reglas para el proceso de mediación, la disponibilidad de mediadores capacitados, la opción de pasar de la mediación al arbitraje y la experiencia y reputación de la CAM en la gestión de procesos en este ámbito de los MASC, lo cual tributa directamente al cumplimiento de los ODS 8 («Trabajo decente y crecimiento económico»); 10 («Reducir la desigualdad en y entre los países») y 16 («Paz, Justicia e Instituciones Sólidas»), en tanto que se mantienen muy cerca del procedimiento análogo de mediación.

Sin embargo, el Decreto N° 84 del Ministerio de Economía, Formento y Turismo que reglamentó la Ley Proconsumidor guardó silencio sobre si el acuerdo logrado a través de una plataforma semejante no sólo es inaplicable por la vía legal, sino que tampoco le estableció efectos de cosa juzgada. Posiblemente, se le podría atribuir un valor parecido o equivalente al de una transacción, pero sin ninguna garantía de que pueda llevarse a cabo dicho acuerdo para ser coactivamente ejecutado ante la vía judicial. Por lo tanto, desde nuestra perspectiva, los ODR en Chile aportan mínimamente a alcanzar

---

250 Martínez-Cárdenas, B. (2023). Online Dispute Resolution y los Objetivos de Desarrollo Sostenible. En S. Barona, & R. Barcia, *DERECHO DEL CONSUMO Y PROTECCIÓN DEL CONSUMIDOR SUSTENTABLE EN LA SOCIEDAD DIGITAL DEL SIGLO XXI.* Santiago de Chile. Disponible en: https://ediciones.uautonoma.cl/index.php/UA/catalog/book/167

el objetivo «16.3 Fomentar el estado de derecho a nivel nacional e internacional y asegurar el acceso equitativo a la justicia para todos».

Se deberá prestar especial atención a los sistemas ODR que funcionan bajo el modelo de la "sabiduría de las multitudes", ya que se ha concebido como una herramienta eficaz para impulsar la última evolución de los ODR, en la búsqueda de un sistema de justicia descentralizado con el objetivo de desarrollar mecanismos para establecer procedimientos de resolución de conflictos capaces de enfrentar los nuevos tipos de disputas de la era digital. La descentralización se refiere a que el proceso está completamente impulsado por pares y se apoya en la tecnología *blockchain*, por lo que no puede ser controlado por un solo ente. Es un sistema de justicia debido a que cumple con una serie de condiciones para ser percibido como "justo" por las personas que lo utilizan, pero que no necesariamente obedece al cumplimiento de ninguno de los estatutos de protección al consumidor vigentes actualmente en el mundo.

CONCLUSIONES DEL CAPÍTULO CUARTO

Ante la gran de esta sección sobre de determinar si las ODR como mecanismo de solución de disputas mantiene la garantía constitucional del debido proceso y de eficiencia en la administración de justicia, concluimos que no necesariamente es así. Para ello, analizamos primero la limitación y el periodo de prescripción de las acciones del consumidor frente a la mediación, luego, los efectos de los acuerdos ODR ante los jueces y finalmente reflexionaremos sobre la ejecutoriedad de estos acuerdos entre las partes. Encontramos que estas limitaciones han afectado la consecución de los ODS y han llevado a una transformación radical de los ODR, que ahora se incluyen en los smart contracts. La tecnología blockchain podría convertirlos en herramientas de justicia descentralizada y democrática. Sin embargo, hay evidencia de fallos frecuentes en los contratos inteligentes, ya sean por ataques externos o errores de programación. Lo cual abrió la puerta a más investigaciones sobre la epistemología de los ODR y su papel en un ordenamiento jurídico específico.

CONCLUSIÓN GENERAL

En el presente estudio, a partir de un paradigma interpretativista, se emplearon métodos y técnicas propias de la investigación jurídica. Primero, el método estrictamente jurídico del derecho comparado, y, en segundo lugar, se utilizó el método jurídico strictu sensu, el estudio identificó las principales implicaciones actuales de las plataformas de ODR como método para garantizar el acceso a la justicia de los consumidores en Chile, tanto para poder aplicar la regulación actual, así como lo que debería tenerse en cuenta para futuras reglamentaciones en la materia.

En primer lugar, el estudio demostró que los mecanismos de mediación online, mejor conocidos como Online Dispute Resolution (ODR por sus siglas en inglés), de un lado, han sido exitosos en contribuir a reducir las brechas existentes entre el proceso civil y la necesidad de los actores en una relación de consumo para garantizar la efectiva protección del derecho fundamental del acceso a la justicia; que dicha brecha se ha venido superando de manera armónica, a través de nuevas modalidades de diálogo que, a su vez, puedan traer otras dinámicas en el mercado con el propósito de que los consumidores puedan hacer uso efectivo de su derecho de acceso a la justicia, sin tener que depender de procesos jurisdiccionales obsoletos y, que contribuyen a que los comerciantes tengan otras alternativas de posicionarse en el mercado; pero, del otro, podrían también ser altamente ineficaces si ellos no respetan y aplican las reglas de la mediación análoga tradicional.

En segundo lugar, se encontró que los instrumentos de Derecho Internacional resaltan la necesidad de ofrecer a los consumidores mecanismos estándar para resolver conflictos de manera eficiente y voluntaria, evitando procesos lentos, costosos y burocráticos. Sin embargo, las diferencias en políticas y leyes de comercio electrónico entre países generan preocupaciones sobre qué tribunal y legislación serán aplicables en conflictos transnacionales y en la ejecución de sentencias en un país diferente al del juez. A pesar de que los instrumentos existentes intentan resolver estos problemas, su eficacia depende en gran medida de la voluntad de las partes. Los ODR serían más eficaces en tanto que no busquen sustituir la jurisdicción ordinaria, sino complementarla, siempre que no se dilate el derecho fundamental de acceso a la justicia.

Finalmente, el estudio evidenció que los ODR pueden contribuir a la materialización de los Objetivos de Desarrollo Sostenible (ODS), aunque su aplicación aún presenta ciertas limitaciones. Estos obstáculos han interferido en la realización de los ODS, provocando una transformación significativa de los ODR, que ahora son parte de los contratos inteligentes. La tecnología de *blockchain* podría transformarlos en instrumentos de justicia descentralizada y democrática. No obstante, la alegalidad a la que apela esta tecnología y la existencia de datos de fallas habituales en los contratos inteligentes, bien sean por ataques externos o por errores de codificación, dotan de ciertas dudas el que los ODR puedan alcanzar los ODS. Esto abre las puertas a la necesidad de realizar futuros estudios sobre la epistemología de los ODR y su función en un sistema jurídico particular.

REFERENCIAS BIBLIOGRÁFICAS

MANUALES Y TRATADOS

Bernheim-Desvaux, S. (2008). *Droit de la Consommation, 30 fiches de synthêse pour préparer les TD et réviser les examens.* Paris: Studyrama.

Calais-Auloy, J., & Temple, H. (2015). *Droit de la consommation.* Paris: Dalloz.

Castaldo, A. (2003). *Introduction Historique au Droit.* Paris: Dalloz.

Crossley, M. E., & Vulliamy, G. E. (1997). Qualitative Educational Research in Developing Countries: Current Perspectives. Reference Books in International Education, Volume 35. Garland Reference Library of Social Science, Volume 927.

David, R., & Jauffret-Spinosi, C. (2002). *Les grans systêmes de droit contemporains.* Paris: Dalloz.

Howells, G., & Ramsay, I. (Eds.). (2018). Handbook of research on international consumer law. Edward Elgar Publishing

Hopt Klaus J. y Steffek Felix Chapter 1 Mediation: Comparaison of Laws, Regulatory Models, Fondamental Issues [Sección de libro] // Mediation, Principles and Regulation in Comparative Perspective / aut. libro Hopt Klaus J. y Steffek Felix. - Oxford: Oxford, 2013.

Isler Soto, E. (2019). *Derecho del Consumo, nociones fundamentales.* Valencia: Tirant lo Blanch.

Maultzsch, F. (2022). Paradigms of EU Consumer Law in the Digital Age. Matthias Kettemann/Alexander Peukert/Indra Spieker gen. Döhmann (eds), The Law of Global Digitality, Routledge

Picod, Y., & Davo, H. (2010). *Droit de la consommation.* Paris: Dalloz.

Poulet Laurent (2005) Transaction et protection des parties, These [Libro]. - Paris: L.G.D.J. - Préface Yves Lequette.

Piedelièvre, S. (2008). *Droit de la consommation.* Paris: Economica.

Raymond, G. (2011). *Droit de la consommation.* Paris: LexisNexis S.A.

Zweigert, K., & Kötz, H. (1998). *An introduction to Comparative Law.* (T. Weir, Trad.) Oxford: Oxford University Press.

ARTÍCULOS CIENTÍFICOS Y CAPÍTULOS DE LIBRO

Abrantes Geraldes, A. (2022). A judge's perspective. En D. Moura Vicente, E. Dias Oliveira, & J. Gomes de Almeida, *Online Dispute Resolution, New Challenges* (págs. 21-36). Lisboa: Nomos.

Adair, W. L. (2015). The negotiation dance: time, culture, and behavioral sequence in negotiation. *Organization Science, 16*(1), 33 - 51.

Agüero Ortíz, A. (2018). La transposición de la Directiva 2013/11/UE al ordenamiento jurídico español a través de la Ley 7/2017 de 2 de noviembre. En

I. Barral Viñals, *La resolución de conflictos con consumidores: de la mediación a las ODR* (págs. 41-74). Madrid: REUS.

Adair, W. L. (2015). The negotiation dance: time, culture, and behavioral sequence in negotiation. *Organization Science, 16*(1), 33 - 51.

Amrani Mekki, S. (2018). Justice amiable, la question du statut du médiateur. En S. Bostanji, & W. Ben Hamida, *La médiation dans tous ses états* (págs. 43-53). Paris: Editions A. Pedone.

Avendaño Leyton, I. (2020). La mediación como requisito de procesabilidad. Una mirada crítica de tal exigencia. *Revista Justicia & Derecho, 3*(1), 1-26.

Ázcárraga Monzonís, C. (2016). Medios electrónicos en los sistemas extrajudiciales de resolución de conflictos. Novedades legislativas impulsadas desde Europa. En G. Palao Moreno, & C. Azcárraga Monzonís, *Los nuevos instrumentos europeos en materia de conciliación, mediación y artitraje de donsumo* (págs. 17-36). Valencia: Tirant lo Blanch.

Barral Viñals, I. (2018). La plataforma de resolución de litigios en línea de la UE y las entidades de resolución/mediación acreditadas: ¿mucho ruido y pocas nueces? En I. Barral Viñals, *La resolución de conflictos con consumidores: de la mediación a las ODR* (págs. 97-130). Madrid: REUS.

Barrientos Camus, F. (14 de 12 de 2017). *Proyecto de Ley de Fortalecimiento del SERNAC y las Asociaciones de Consumidores.* (F. F. LANERI, Ed.) Recuperado el 15 de 05 de 2018, de Academia Derecho y Consumo, ADECO: http://derechoyconsumo.udp.cl/wp-content/uploads/2017/12/Francisca-Barrientos.pdf

Battelli, E. (2021). "La decisión robótica: algoritmos, interpretación y justicia predictiva". Revista de Derecho Privado, (0123-4366), 40

Benyekhlef, K. y. (2005). Online Dispute Resolution. *Lex Electronica, 10*(2), 1 - 136.

Bernheim-Desvaux, S. (2008). *Droit de la Consommation, 30 fiches de synthêse pour préparer les TD et réviser les examens.* Paris: Studyrama.

Betancourt Cardona, G. (2014). Funciones jurisdiccionales de la Superintendencia financiera de Colombia: análisis desde la regulación de protección al consumidor. *Revista Digital de Derecho administrativo*(12), 141-166.

Birke, R. (2000). Evaluation and facilitation: moving past either/or. J Disput Resolut 2000(2):. *Journal of Dispute Resolution, 2000*(2), 247-293. Obtenido de https://core.ac.uk/download/pdf/217049869.pdf

Bozzo, S. (12 de 3 de 2021). Consumidores: e-commerce y resolución de conflictos. *LITORALPRESS*, pág. 14. Obtenido de https://www.litoralpress.cl/sitio/Prensa_Detalles.cshtml?LPKey=kb.Y.Tf.X9.Crdco.Uv.P.D2.Yy9.%C3%9C.Ig.R.W.C9lm.Jf.S2.Yp9o.J.Xoq.T.A.%C3%96

Benöhr, I., & Micklitz, H. W. (2018). Consumer protection and human rights. In Handbook of Research on International Consumer Law, Second Edition (págs. 16-34). Edward Elgar Publishing

Cappelletti, M. &. (1978). Access to Justice: The Newest Wave in the Worldwide Movement to Make Rights Effective. *Buffalo Law Review*(27), 181-292.

Cargua Ríos, L. (2014). ¿Litigar o mediar? Una descripción de la mediación como instrumento de búsqueda de la justicia en la época antigua y moderna. *Revista de derecho y economía*(42), 69-75. doi:http://dx.doi.org/10.18601/01236458.n42.06

Carneiro, D., Novais, P., Andrade, F., Zeleznikow, J., & Neves, J. (2014). Online Dispute Resolution: an Artificial Intelligence Perspective. *Artificial Intelligence Review, 41*(2), 1-26. doi:10.1007/s10462-011-9305-z

Carvajal Ambiado, L., Celis Araya, R., Girardi Lavin, C., González Torres, R., Jiménez Fuentes, T., Marzán Pinto, C.,... Soto Mordones, R. (21 de 06 de 2020). *Boletín 13599-03.* (C. d. Diputados, Ed.) Recuperado el 17 de 03 de 2021, de Modifica la ley N°19.496, que Establece normas sobre protección de los derechos de los consumidores, en materia de contratos celebrados por medios electrónicos, y en las ventas a distancia: http://www.senado.cl/appsenado/templates/tramitacion/index.php?boletin_ini=13599-03

Center for Effective DIspute Resolution, CEDR. (2023). *CEDR Impact Report 2023.* Recuperado el 24 de 07 de 2023, de Impact: Improving Conflict Resolution in Society: https://cedr.foleon.com/cedr/cedr-impact-report/impact-society

Clay, T. (2018). Les differents types de médiation. En W. Ben Hamida, & S. Bostanji, *La médiation dans touts ses états* (págs. 23-28). Paris: Editions A. Pedone.

De Filippi, P., & Wright, A. (2018). Blockchain and the Law, The Rule of Code. Cambridge, MA; London, UK: Harvard University Press.

Druckman D, D. J. (2004). e-Mediation: evaluating the impacts of an electronic mediator. *Group Decision and Negotiation, 13*(6), 481-511. doi:10.1007/s10726-005-2125-2

Druckman, D. M. (2014). Resolving Impasses in e-Negotiation: Does e-Mediation Work? (P. i. Scie, Ed.) *Group Decision and Negotiation*(23), 193-210. doi: 10.1007/s10726-013-9356-4

Druckman, D., Ronald, M., Filzmoser, M., & Sabine T., K. (2014). Resolving Impasses in e-Negotiation: Does e-Mediation Work? *Group Decision and Negotiation, 23,* 193-210. doi:DOI 10.1007/s10726-013-9356-4

Ebner, N. (2012). e-Mediation. En E. K. M.S. Abdel Wahab, *Online Dispute Resolution: Theory and Practice* (pág. 357). The Hague: Eleven International Publishing. Obtenido de SSRN: https://ssrn.com/abstract=2161451

Esteban de la Rosa, F. (2010). Régimen Europeo de la Resolución Electrónica de Litigios (ODR) en la Contratación Internacional en Consumo. En F. Esteban de la Rosa, G. Orozco Pardo, & F. Garrido Carrillo, *Mediación y Consumo.* Valencia: Tirant lo Blanch.

Esteban de la Rosa, F., Orozco Franco, G., & Garrido Carrillo, F. (2010). *Mediación y Derecho de Consumo.* Valencia: Tirant lo Blanch.

Fuentealba-Martínez, M. G.-R.-L. (2018). Un novedoso instrumento para evaluar la calidad de la mediación de conflictos jurídicos familiares en Chile. *Revista Jurídicas, 15*(1), 65-87. doi:10.17151/jurid.2018.15.1.5.

González Martín, N., & Albornoz, M. (2014). Comercio electrónico, Online Dispute Resolution y Desarrollo. *Revista de Derecho Comunicaciones y Nuevas Tecnologías*(12). doi:DOI: http://dx.doi.org/10.15425/redecom.12.2014.12

González Ramírez, I. (2018). La calidad de la mediación familiar en Chile. *Revista de Derecho Privado*(35), 369 - 390.

Henderson, D. (1995). Avoiding Litigation with the Mini-T oiding Litigation with the Mini-Trial: The Corpor rial: The Corporate Bott ate Bottom Line om Line. *South Carolina Law Review, 46*(237).

Hongju Koh, H. (2021). The "Gants Principles" for Online Dispute Resolution: Realizing the Chief Justice's Vision for Courts in the Cloud. Boston College Law Review, 62(8), 2768-2794

Horn, N. (2010). El Arbitraje de Consumo en el Derecho Alemán y Europeo. En F. Esteban de la Rosa, G. Orozco Pardo, & F. J. Garrido Carrillo, *Mediación en Consumo*. Valencia: Tirant lo Blanch.

Isler Soto, E. (2019). *Derecho del Consumo, nociones fundamentales*. Valencia: Tirant lo Blanch.

Isler Soto, E. (2020). La incidencia del Covid-19 en el ejercicio de la garantía legal. *Revista de derecho (), 27*. Obtenido de https://scielo.conicyt.cl/pdf/rducn/v27/0718-9753-rducn-27-05.pdf

Isler Soto, E. (2020). La incidencia del Covid-19 en el ejercicio de la garantía legal. *Revista de derecho (), 27*. Obtenido de https://scielo.conicyt.cl/pdf/rducn/v27/0718-9753-rducn-27-05.pdf

J., W. (2017). Building better markets. *International Journal of Online Dispute Resolution, 4*(1), 48-52.

Jequier Lehuedé, E. (16 de 10 de 2020). *Análisis Crítico del Arbitraje de Consumo No Financiero en Chile: la mirada renovadora de un proyecto en curso*. Obtenido de https://www.youtube.com/watch?v=IRzG2BsP-M4: https://www.youtube.com/watch?v=IRzG2BsP-M4

Jequier Lehuedé, E. (2020). Sobre la arbitralidad del consumo en Chile: Insumo básico para un replanteamiento estructural. *Revista Chilena de Derecho Privado*(34), 57-92.

Katsh, E. (2000). *Online Dispute Resolution as a Solution to Cross-Border E-Disputes, an Introduction to ODR*. Obtenido de OECD, Law in a digital world: https://www.oecd.org/digital/consumer/1878940.pdf

Katsh, E., & Rifkin, J. (2001). *Online Disput Resolution*. San Francisco: Jossey-Bass.

Katsh, E. (2006). Online Dispute Resolution: Some Implication for the Emergence of Law in Cyberspace. *Lex Electronica, 10*(3), 1 - 12. Obtenido de https://www.lex-electronica.org/files/sites/103/10-3_katsh.pdf

Katsh, E., & Rule, C. (2016). What we know about Online Dispute Resolution. *South Carolina Law Review, 67*(2), 329-344.

Khurana, D., & Mohanty, A. (2021). Development of Online Dispute Resolution and Its Implications on the Indian Legislative System. Supremo Amicus, 25, 200-205

Kontak, M. (2021). Modern Tools to Lower the Costs of Disputes: DIgitalisation and the New Venues of Online Dispute Resolution. *Harmonius: Journal of Legal and Social Studies in South East Europe*, 113-132.

Kulms, R. (2013). Privatising Civil Justice and the Day in Court. En K. Hopt, & F. Steffek, *Mediation, Principles and Regulation in Comparative Perspective* (págs. 205-243). Oxford: Oxford Universtiy Press.

Martínez-Cárdenas, B. (2022). Online dispute resolution y la renovación del concepto del derecho de acceso a la justicia para los consumidores. En A. Madrid Parra, & L. Alvarado Herrera, *Derecho Digital y Nuevas Tecnologías*. Thomson Reuters. Pp- 1203-1224.

Martínez-Cárdenas, B. (2023). La Influencia de la Inteligencia Artificial en las Obligaciones de Transparencia en la Información Precontractual en E-commerce con Consumidores. En F. Barrientos Camus, C. Santelices Veregara, & S. E. Pérez-Toril Bravo, *Estudios de derecho del consumidor v - xi jornadas nacionales de derecho de consumo universidad alberto hurtado*. Santiago: Tirant lo Blanch.

Martínez-Cárdenas, B. (2023). La mediación extrajudicial online, ¿conviene que sea un contrato de transacción? En R. Méndez Reátegui, *Derecho y Economía: Debates Contemporáneos Volúmen II* (Vol. I, págs. 101-116). Valencia, España: TIrant lo blanch.

Martínez-Cárdenas, B. (2023). La online dispute resolution, acceso a la justicia y protección de los derechos del consumidor en el comercio electrónico: el caso chileno. *IDP. Revista de Internet, Derecho y Política* (38), 1-13. Obtenido de, https://doi.org/10.7238/idp.v0i38.409411

Martínez-Cárdenas, B. (2023). Online Dispute Resolution y los Objetivos de Desarrollo Sostenible. En S. Barona, & R. Barcia, *DERECHO DEL CONSUMO Y PROTECCIÓN DEL CONSUMIDOR SUSTENTABLE EN LA SOCIEDAD DIGITAL DEL SIGLO XXI*. Santiago de Chile, disponible en: https://ediciones.uautonoma.cl/index.php/UA/catalog/book/167

Martínez-Cárdenas, Betty; Buendía, Paloma & Ojeda, Nicolás (2023). Sistematización teórica, dogmática y normativa de la noción de acceso a la justicia para consumidores en relación con el uso los Online Dispute Resolution en el comercio electrónico. Vniversitas Jurídica, 72.

Martínez-Cárdenas, B., & Bozzo Hauri, S. (2022). Contratos Inteligentes, Smartcontracts. En F. Forero Villa, & M. Azuaje-Pirela, *Tecnologías emergentes. Qué son y cómo aprovecharlas en las industrias creativas y Culturales*. Bogotá: CERLALC y Universidad Autónoma de Chile. Recuperado el 26 de 12 de 2022, de https://cerlalc.org/wp-content/uploads/2022/11/Guia-INDUSTRIAS-CREATIVAS-Y-CULTURALES_II.pdf

Marun, M. (1 de 03 de 20201). *The Presence of Artificial Intelligence Applied to ODR in Latin America*. Obtenido de 2021 Virtual ODR Forum: https://www.youtube.com/watch?v=xar8I73kRLw

Modria. (s.f.). *tyler technologies*. Recuperado el 21 de 03 de 2021, de Deliver Fast and Fair Online Dispute Resolution: https://www.tylertech.com/products/modria

Momberg Uribe, R. (06 de 04 de 2020). *La obligación del arrendatario durante la pandemia por coronavirus.* Obtenido de https://bit.ly/2YHfdMC

Moreno González, J., Albornoz, M., & Maqueo Ramírez, M. (Jimena Moreno González). Ciberseguridad: estado de la cuestión en América Latina. *Revista de Administración Pública 148, LIV*(1), 23 - 46. Obtenido de file:///C:/Users/Usuario/Downloads/Ciberseguridad_estado_de_la_cuestion_en.pdf

Nava, W., & Breceda, J. (2015). México en el contexto internacional de solución de controversias en línea de comercio electrónico. *Anuario Mexicano de Derecho Internacional,* 717-738. Obtenido de file:///C:/Users/Usuario/Downloads/Mexico_en_el_contexto_internacional_de_solucion_de.pdf

Nava González, W. (2020). Los mecanismos extrajudiciales de resolución de conflictos en línea: su problemática en el dereho internacional privado. *Anuario Colombiano de Derecho Internacional*(13), 187-208. doi:Doi: https://doi.org/10.12804/revistas.urosario.edu.co/acdi/a.7524

Osna, G. (2019). Acceso a la Justicia, cultura y Online Dispute Resolution. (P. U. Perú, Ed.) *Revista Derecho PUCP*(83). doi:https://doi.org/10.18800/derechopucp.201902.001

Palomo Vélez, Diego y Valenzuela Villalobos, Williams. (2012). Descarte de la inconstitucionalidad de la obligatoriedad de la mediación prejudicial que establece la Ley No. 19.966: lectura crítica de la sentencia del Tribunal Constitucional. *Ius et Praxis*(2), 387 - 426.

Pacheco Ramírez, L. (2021). *Informe de demandas presentadas, admitidas y finalizadas por conciliación en los años 2018, 2019 y 2020.* Superintendencia de Industria y Comercio de Colomibia, Grupo de Trabajo de Defensa del Consumidor. Bogotá: Inédito.

Picard, C. (2017). Orígenes, principios y prácticas de la mediación insight. *Revista de Mediación, 10*(2, e 11), 15. Obtenido de revistademediacion.com

Pirmatov, O. (2022). Online Dispute Resolution - Fantasy or Reality? Janus. Net: E-Journal of International Relations, 13(1), 240-245. https://doi-org.ez.urosario.edu.co/10.26619/1647-7251.13.1.03

Polanco R., (2021) Regulatory Converge of Data Rules in Latin America in Burri M. (ed) Big data and Global Trade Law, Cambridge University Press

Rabinovich-Einy, O. &. (2014). Digital Justice. *International Journal of Online Dispute Resolution,* 5 - 36. doi:10.5553/IJODR/2014001001002

Rana SC, R. (2014). *Alternative Dispute Resolution: A Handbook for In-House Counsel in Asia.* Singapore, Malaysia, Honk Kong: LexisNexis.

Raymond, A. (2014). Anjanette H. Raymond, Yeah. But Did You See the Gorilla? Creating and Protecting an Informed Consumer in Cross-Border Online Dispute Resolution. *Harvard Negotiation Law Review*(133), 129 - 171. Obtenido de https://www.hnlr.org/wp-content/uploads/sites/22/19HarvNegotLRev129-Raymond.pdf

Rhode, D. (2004). *Access to Justice.* New York: Oxford University Press.

Romero Sánchez, S. (2019). Conciliación y Relación de Consumo en el marco del Estatuto del Consumidor. *Conciliemos,* 40-44.

Sampani, C. (2021). Online Dispute Resolution in E-Commerce: Is Consensus in Regulation UNCITRAL's Utopian Idea or a Realistic Ambition? Information & Communications Technology Law, 30(3), 235-254.

San Cristobal Reales, S. (2013). Sistemas alternativos de resolución de conflictos: negociación, conciliación, mediación, arbitraje, en el ámbito civil y mercantil. *Anuario Jurídico y Económico Escurialense, XLVI*, 39-62.

Saygili M., M. I. (2022). A descentralized structure to reduce and resolve construction disputes in a hybrid blockchain network. *Automation in Construction*(134).

Schmitz, A., & Rule, C. (2019). Online Dispute Resolution for Smart Contracts. *Journal of Dispute Resolution*, 109-125. Recuperado el 14 de 05 de 2023, de https://scholarship.law.missouri.edu/jdr/vol2019/iss2/8

Schoop, M. J. (2003). Negoisst: a negotiation support system for electronic business-to-business negotiations in e-commerce. *Data Knowl. Eng., 47*, 371-401.

Schmitz, A., & Rule, C. (2019). Online Dispute Resolution for Smart Contracts. *Journal of Dispute Resolution*, 109-125. Recuperado el 14 de 05 de 2023, de https://scholarship.law.missouri.edu/jdr/vol2019/iss2/8

Schmitz, A., & Rule, C. (2019). Online Dispute Resolution for Smart Contracts. *Journal of Dispute Resolution*(103), 1-22.

Sela, A. (2017). The Effect of Online Technologies on Dispute Resolution System Design: Antecedents, Current Trends, and Future Directions. *Lewis & Clark Law Review, 21*(3), 635-683.

Suquet, J. (2016). El marco europeo de resolución de litigios en línea (RLL) de consumo: ¿tecnologías al servicio de la solución de conflictos? En G. Palao Moreno, & C. Azcárraga Monzonís, *Los nuevos instrumentos europeos en materia de conciliación, mediación y arbitraje de consumo, su incidencia en España, Irlanda y el Reino Unido* (págs. 249-269). Valencia: Tirant lo Blanch.

Spagnole, Jr. John A. The U3C-IT may look pretty, but is it enforceable? [Conferencia] // Consumer Protection, A symposium. - New York: Da Capo Press, 1972. - págs. 32-77.

Szabo, N. (1994). *Smart contracts 1994 (*. Recuperado el 12 de 11 de 2011, de Recuperado de: http://www.fon.hum FETSYAK, Ihor. (2020). Contratos inteligentes: Análisis jurídico desde el marco legal español. Revista electrónica de Derecho de la Universidad de La Rioja, REDUR, (18), 197-236.uva.nl

Someya, M. (2019). Resolving Data Breach Dispute: Automated Negotiation, E-Mediation, and Arbitration Assisted by Technology. *Ohio State Journal on Dispute Resolution, and Arbitration Assisted by Technology, 34*(2), 393-iv.

TTausczik, Y. P. (2010). The psychological meaning of words: LIWC and computerized text analysis methods. *Journal of Language and Social Psychology*(29), 24-54. doi:10.1177/0261927X09351676

Thomas, R. (2021). Password Sharing and Online Dispute Resolution Systems. Business, Entrepreneurship & Tax Law Review, 5(2), 147-160.

Thompson, D. (2015). Creating New Pathways to Justice Using Simple Artificial Intelligence and Online Dispute Resolution. *International Journal of Online Dispute Resolution, 2*(1), 4-53.

Valiño Ces, A. (2020). Reflexiones acerca de la viabilidad de la mediación como método alternativo de resolución de conflictos en los centros penitenciarios españoles. *Revista Ius et Praxis*,(2), 219 - 231.

Wall J.A., &. D. (s.f.). Mediation research: a current review. *Negotiation Journal, 28*(2), 217-244. doi:https://doi.org/10.1111/j.1571-9979.2012.00336.x

Wang, F. (2010). Internet Jurisdiction and Choice of Law: Legal Practices in the EU, US and China. Cambridge: Cambridge University Press. doi:10.1017/CBO9780511762826, págs.167

Vieira de Carvalho Fernandes, R., Rule, C., Tiemi Ono, T., & Botelho Cardoso, G. (2018). The Expansion of Online Dispute Resolution in Brazil. *International Journal for Court Administration, 9*(2). doi:10.18352/ijca.255

ARTÍCULOS Y COLUMNAS DE OPINIÓN

Barrientos Camus, F. (14 de 12 de 2017). *Proyecto de Ley de Fortalecimiento del SERNAC y las Asociaciones de Consumidores.* (F. F. LANERI, Ed.) Recuperado el 15 de 05 de 2018, de Academia Derecho y Consumo, ADECO: http://derechoyconsumo.udp.cl/wp-content/uploads/2017/12/Francisca-Barrientos.pdf

Bozzo, S. (12 de 3 de 2021). Consumidores: e-commerce y resolución de conflictos. *LITORALPRESS*, pág. 14. Obtenido de https://www.litoralpress.cl/sitio/Prensa_Detalles.cshtml?LPKey=kb.Y.Tf.X9.Crdco.Uv.P.D2.Yy9.%C3%9C.Ig.R.W.C9lm.Jf.S2.Yp9o.J.Xoq.T.A.%C3%96

Corral Talciani, H. (09 de 04 de 2020). Cambios a la prescripción civil por la catástrofe Covid-19. *El Mercurio - Legal.* Obtenido de https://bit.ly/2YCiSLx

Corral Talciani, H. (29 de 03 de 2020). *Caso fortuito y suspensión de pago de remuneraciones.* Obtenido de Blog: https://bit.ly/3dlGQPf

De la Maza Gazmuri, Í. (3 de 04 de 2020). El caso fortuito en los tiempos del coronavirus. *El Mercurio - Legal.* Obtenido de https://bit.ly/3b2KLyQ

De la Maza Gazmuri, Í. y. (11 de 04 de 2020). Algunas ideas para la discusión del caso fortuito. *Idealex.press.* Obtenido de Recuperado de https://bit.ly/2YFMmrM

Momberg Uribe, R. (06 de 04 de 2020). *La obligación del arrendatario durante la pandemia por coronavirus.* Obtenido de https://bit.ly/2YHfdMC

Pizarro Wilson, C. (26 de 03 de 2020). Epidemia, imprevisión y fuerza mayor. *Idealex.press.* Obtenido de https://bit.ly/3b7v4q5

Pizarro Wilson, C. (24 de 03 de 2020). La peste que imposibilita actuar. ¿Suspender la Prescripción? *El Mercurio - Legal.* Obtenido de https://bit.ly/2Wx6D0b

INFORMES DE AGENCIAS INTERNACIONALES Y CENTROS DE CONCILIACIÓN

American Bar Association, Center for Innovation. (12 de 2019). *Report: Online Dispute in the United States.* Obtenido de American Bar Association: https://

www.americanbar.org/content/dam/aba/administrative/center-for-innovation/odrvisualizationreport.pdf

Cámara Nacional de Comercio, S. y. (14 de 10 de 2020). Navidad en COVID - Encuesta. Obtenido de Documentos y Publicaciones: https://www.cnc.cl/wp-content/uploads/2020/10/Resultados-Encuesta-CNC-al-Comercio-ante-Navidad-y-COVID19-%E2%80%93-Octubre-2020.pdf

SERNAC. (25 de 01 de 2021). El Sernac recibió el doble de reclamos en 2020. Obtenido de Noticias: https://www.sernac.cl/portal/604/w3-article-62196.html

World Bank Group. (2020). *Doing Business.* (W. B. Group, Ed.) Recuperado el 26 de 02 de 2021, de DOINGBUSINESSMidiendo regulaciones para hacer negocios: https://espanol.doingbusiness.org/es/reports/global-reports/doing-business-2020

World Justice Project. (2017-2018). *Índice de Estado de Derecho.* (W. J. Project, Ed.) Recuperado el 26 de 02 de 2021, de WJP Rule of Law Index: https://worldjusticeproject.org/sites/default/files/documents/2017-18%20ROLI%20Spanish%20Edition_0.pdf

World Justice Project. (2019). *Indice del Estado de Derecho.* Recuperado el 26 de 02 de 2021, de World Justice Project: https://worldjusticeproject.org/sites/default/files/documents/GROLI-Spanish-v2_0.pdf

World Justice Project. (2020). *Índice de Estado de Derecho.* Recuperado el 26 de 02 de 2021, de Indice del Estado de Derecho: https://worldjusticeproject.org/sites/default/files/documents/WJP-Global-ROLI-Spanish.pdf

PROYECTOS DE LEY NACIONALES Y NORMATIVIDAD NACIONAL E INTERNACIONAL

Boletín 12409-03. (24 de 01 de 2019). Obtenido de https://www.senado.cl/appsenado/templates/tramitacion/index.php?boletin_ini=12409-03

Boletín 13599-03. (21 de 06 de 2020). Recuperado el 11 de 04 de 2021, de https://www.senado.cl/appsenado/templates/tramitacion/index.php?boletin_ini=13599-03

CNCDEU. (1999). *"Ley Uniforme de operaciones electrónicas".* (P. d. Unidas, Ed.) Recuperado el 12 de 04 de 2021, de Uncitral: https://uncitral.un.org/sites/uncitral.un.org/files/media-documents/uncitral/es/05-89453_s_ebook.pdf

CNUDMI. (1958). *Convención sobre el Reconocimiento de Sentencias Extranjeras.* (P. d. Unidas, Ed.) Recuperado el 12 de 04 de 2021, de Uncitral: https://uncitral.un.org/sites/uncitral.un.org/files/media-documents/uncitral/es/new-york-convention-s.pdf

CNUDMI. (04 de 12 de 2006). *Resolución 61/33, de la Asamblea General, 4 de diciembre de 2006. "Guía para la incorporación al derecho interno y utilización de la Ley Modelo de la cnudmi sobre Conciliación Comercial Internacional".* Recuperado el 12 de 04 de 2021, de https://undocs.org/pdf?symbol=es/A/RES/61/33

CNUDMI. (4 de 12 de 2016). *Report of Working Group III (Online Dispute Resolution).* (N. Unidas, Ed.) Recuperado el 12 de 04 de 2021, de Comisión de las

Naciones Unidas para el Derecho Mercantil Internacional: https://undocs.org/A/CN.9/862

CNUDMI. (20 de 12 de 2018). *Convención de las Naciones Unidas sobre los Acuerdos de Transacción Internacionales resultantes de la Mediación.* (N. Unidas, Ed.) Recuperado el 12 de 04 de 2021, de Comisión de las Naciones Unidas para el Derecho Mercantil Internacional: https://uncitral.un.org/es/texts/mediation/conventions/international_settlement_agreements

Directive 2008/52/CE du Parlement européen et du Conseil du 21 mai 2008. (21 de 05 de 2008). Obtenido de https://eur-lex.europa.eu/legal-content/FR/TXT/?uri=CELEX:32008L0052

Directive 2013/11/UE du Parlement Européen et du Conseil du 21 mai 2013. (21 de 05 de 2013). Obtenido de https://eur-lex.europa.eu/LexUriServ/LexUriServ.do?uri=OJ:L:2013:165:0063:0079:FR:PDF

Decreto-84 13-DIC-2022 MINISTERIO DE ECONOMÍA, FOMENTO Y TURISMO, SUBSECRETARÍA DE ECONOMÍA Y EMPRESAS DE MENOR TAMAÑO - Ley Chile - Biblioteca del Congreso Nacional (bcn.cl)

OCDE. (17 de 05 de 2001). *Recomendación del Consejo de la ocde relativa a los lineamientos para la protección al consumidor en el contexto del comercio.* Recuperado el 12 de 04 de 2021, de OECD: https://www.oecd-ilibrary.org/governance/recomendacion-del-consejo-de-la-ocde-relativa-a-los-lineamientos-para-la-proteccion-al-consumidor-en-el-contexto-del-comercio-electronico_9789264065680-es

UNCTAD. (2003). *Informe sobre comercio electrónico y desarrollo 2003.* Recuperado el 12 de 04 de 2021, de Conferencia de las Naciones Unidas sobre Comercio y Desarrollo: https://unctad.org/es/system/files/official-document/ecdr2003_sp.pdf

PÁGINAS WEB

Boletín 12409-03. (24 de 01 de 2019). Obtenido de https://www.senado.cl/appsenado/templates/tramitacion/index.php?boletin_ini=12409-03

Boletín 13599-03. (21 de 06 de 2020). Recuperado el 10 de 03 de 2024, de https://www.senado.cl/appsenado/templates/tramitacion/index.php?boletin_ini=13599-03

ebay Resolution Centre. (11 de 04 de 2021). Obtenido de https://resolutioncentre.ebay.co.uk/

Reclame Aqui. (s.f.). Recuperado el 11 de 04 de 2021, de https://www.reclameaqui.com.br/

Sem Processo. (s.f.). Recuperado el 11 de 04 de 2021, de https://www.semprocesso.com.br/

Smartsettle. (21 de 03 de 2021). *Smartsettle.* Obtenido de https://www.smartsettle.com/

The National Center for Technology & Dispute Resolution. (s.f.). Recuperado el 11 de 04 de 2021, de Provider List: http://odr.info/provider-list/

The National Center for Technology & Dispute Resolution. (s.f.). Recuperado el 11 de 04 de 2021, de http://odr.info/about/

Vamos Conciliar. (11 de 04 de 2021). Obtenido de https://vamosconciliar.com/